ホホホ座の反省文

山下賢二　松本伸哉

名前言いにくい

ホホホ座は、一般的には本屋だと思われていますが、その母体は四人の座員による編集企画グループです。

本はもちろん、雑貨・食品・音源・イベントなどを企画、制作、販売していく集団です。メンバーは、山下賢二（座長）、松本伸哉（顧問）、加地猛《かじたけし》（ニューリーダー）、早川宏美（デザイナー兼イラストレーター）の四人衆です。

しかし、このホホホ座というといつまでたっても口に馴染《なじ》まない名前を初めて聞いた人たちはたいてい、こう尋ねます。

「どういう意味なんですか？」

そういうとき、僕たちは決まり悪く、こう答えるのです。

「いや……それが、特に意味はないんです」

すると、質問した人は少し笑いながら、またまたぁみたいな顔。

そこで僕たちは急いで、

「実は……このホホホというカタカナはシンメトリーで、縦でも横でも一本線を書けば、文字が連なるんです。さらに漢字の座まですべて繋《つな》げることもできるんです」

と補足すると、なんとなく納得してくれます。

でも本当のところ、そこに意味はないんです。ホホホ？　それに、座？　僕たちも言いづらいです。喉《のど》がむかつきます。電話で名乗るとき、幾度《いくど》、名前を変えてやろうかと思ったことでしょう。

しかし、そこに至った経緯というのはもちろんあります。それには少しぞんざいな物語を聞いていただく必要があります。時間ありますか？　この忙しいご時世《じせい》に。

では、本を読む時間を確保しているあなたにだけお話しすることにしましょう。

ホホホ座の反省文　目次

終章

ホホホ座座員（左から加地、山下、松本）

第1章　ホホホ座への道

酔いどれ

山下賢二

ホホホ座の起源は、京都の個人店主たちのうだつのあがらない会話から始まりました。時は、二〇一二年……ごろ。

僕は、ガケ書房という本屋を営んでいました。二〇〇四年に京都市左京区北白川にオープンしたその店は、京都のサブカル書店の一翼を担っている存在でした。ちょいちょい思い出を美化しながら進みますので、立ち止まらないでどんどん読み進めてください。

半分に切られた軽自動車が石垣に突っ込んだ外観。ベストセラーの本は、ほとんど置いていない風変わりな品揃え。大手出版社の本の隣に自費出版の本が並列に並べられている陳列方法。作家によるハンドメイド雑貨のほか、店内には貸し棚があり、そこではいろんな職業の人の個人的な古本も販売していました。

ガケ書房は、当時少しずつ減ってきていた町のＣＤショップとしての顔もありました。

売り場面積の三分の一は、CDでした。

音源も売っているというイメージ作りとして、店内ライブもしていました。書店で頻繁にライブをする店はまだ珍しく、ミュージシャンのライブハウスツアーの日程の中にガケ書房の名前が入っていることもしばしばありました。

初期の頃は、店内にフルドラムセットを入れて、ライブをしたことも幾度かありました。ビートが刻まれるたびに店全体がワサワサ揺れているのがわかりました。本も棚の中でワサワサ踊ります。いつもその翌朝には、店の電球はいくつか切れていたものでした。

しかし、どの本屋ともまったく違ったのは、店を囲う石垣の内側に、池のある細長い庭があったことでしょう。そこで亀四匹を放し飼いしていました。そこだけが、店主の趣味全開の空間でした。店内のガラス越しにお客さんは亀の生態を見ることができます。

趣味で思い出しましたが、よく誤解されていたことの一つに、ガケ書房の本の品揃えは僕の好みで仕入れていると思われていた節があります。オープン当初は、すかした〈セレクトショップ〉を僕もやっているつもりでした。セレクトショップという

〈立場〉に酔う若造がそこにいたのかもしれません。セレクトショップあるあるです。

しかし、生来のひねくれ気質がうずいたのか、セレクトショップ店主として、気持ちよく酔えずに吐いてしまった僕がいました。実にオープンして三日目ぐらいだったでしょうか。元々、セレクトショップに興味のない人間が無理をするものではありません。また、セレクトという言葉を使ったモノの売り方や自分自身の売り出し方に居心地の悪さを感じました。

関西弁でいうところの「あほらし」ということでした。

若い頃、バブルを経験した世代が編集権を持つポジションにつき始めた二〇〇〇年を過ぎたあたりから、〈清潔と特別〉を前面に押し出した雰囲気の店や人が流通の主軸になりつつありました。それは一般的には、「センスがいい」と認識されていきます。「センスがいい」の基準は今、ほぼそれだけになってしまった気がしています。「センスがいい」を体現している店員も客もいわば皆、ほろ酔い状態でその空間にいます。でも、たぶんそういうことなんだと思います。雰囲気に酔うことが、まずはセレクトショップの入口なのですから。

その空間に入ったら、世界観を壊すような言動はご法度《はっと》です。マナーです。かっちりした世界を作っている空間であればあるほど、その言動の許容範囲は狭いです。

しらふではなかなかできません。そこに客観的な突っ込みはいらないのです。言い換えれば、自分たちを笑いとばすようなユーモアの視点がそこにはありません。全員がボケを担当しているのです。

仮にそこにいる人が冗談を言ったとしても、その冗談は自分たちの酔いを覚ますような自虐的《じぎゃく》冗談ではなく、同調や選民意識を加速させる冗談が多いようです。熱くなってしまいましたが、別にそういう人たちのことを憎んでいるわけでも嫌いなわけでもありません。少し苦手なだけです。

なぜなら同じ人間なので、根本は同じだと思っているのです。言動の根っこには、何かしら大小のコンプレックスがあり、ダサイ部分やかっこ悪い部分は体験として自分が一番知っているのです。その部分を認める・認めないの違いが酔える・酔えないの違いなのかもしれません。

しらふ

山下賢二

セレクトは物を売ることの基本です。販売業の場合、セレクトしないと成立しません。

どこで？　どれだけ？　なにを？　その三つの問いが販売にはついてまわります。

どこで？　は、立地。つまり、その場所の特性です。客層が関係してきます。

どれだけ？　は、予算。つまり、在庫量です。販売面積が関係してきます。

なにを？　は、内容。これこそがセレクトの心臓です。店のテイストが関係してきます。

店を回していくためにこの三つの要素は必要不可欠です。ほとんどの〈セレクトショップ〉は、なにを？　をクローズアップし、メディアからもそこが注目されたりしますが、残りの二つの要素があって初めて、セレクトが行われていることを忘れてはいけません。

また、〈セレクトショップ〉と思われていない、つまりメディアがわざわざ掲載しないような店も実はすべてこの三つの要素の下に成立していることも忘れてはいけません。

大きな違いは、なにを？　の実際の中身ではなく、切り口の部分です。同じ商品をセレクトしても、その店のキャラクターや紹介の仕方で商品に付加価値をつけることができます。そういう見せ方ができるかどうかが〈セレクトショップ〉の称号をもらえるかどうかのボーダーラインといえます。

たまに、街の片隅で長年こつこつと営業していた無自覚なおっさんの店が若者雑誌などに再発見されることがあります。これは店まるごと付加価値がつけられた例です。時代を越えてきたリスペクトと、現代にいい意味でそぐわない店構えやレアな品物に若い世代が付加価値を与えて喜ぶのです。なんのことやらわからないおっさんもとりあえず喜びます。なんと素晴らしいことでしょう。とりあえず、酔え。ということです。しかし、大概のおっさんはその酔いに耐性がありません。そのまま勘違いして酔いにまかせた行動に出てしまう人もいます。悪酔いです。そうなると、酔わせた若者も手に負えません。

いってみれば、付加価値というのは一つのマジックで、暗示のようなものです。その暗示が解けてしまった人間たちが、二〇一二年ごろに集まりました。

場所は、京都・千本にある立本寺《りゅうほんじ》というお寺の境内。メンバーは、古書と雑貨の店、コトバヨネットの松本伸哉、レコードと古本の店、100000t《じゅうまんとん》の加地猛、ガケ書房の山下賢二の三人に、焼肉屋いちなん店主の孫《そん》さん。

焼肉屋いちなんは、左京区一乗寺にあるライブのできる焼肉屋で、孫さんはクリスチャンの人懐っこい笑顔あふれる坊主頭のおじさんです。しかし、怒らせると怖そうなおじさんです。

松本とは、少し前に「ミッドナイトガケ書房」というユーストリームを使った中継プログラムで正式に知り合っていました。それは、ガケ書房のレジに固定カメラを設置して、買い物をした人や差し入れを持ってきた人はカメラの前で告知やパフォーマンスができるという番組でした。誰もレジに来ない時間は、僕と松本がずっとだらだらしゃべっているという構成です。その現場に加地はスイカまるごと一個を差し入れに持ってきていました。

その四人が集まったのは、松本がその地域の商店街の人から町おこしイベントを依頼され、僕たちにも協力を仰いできたからでした。

商店街近くのそのお寺を借り切って、マーケットをしようかというところまで話はきていました。その日は、現場の下見でした。

季節は春。ハラハラと落ちる桜の花びらをパンチドランカーのような笑顔でくるくる回りながら受けていた孫さんの姿が忘れられません。

当時、加地は「夜ふかし市」というマーケットイベントを何人かで共同開催していて、京都で顔を売り始めていた時期でした。

夜ふかし市といっても、開催するのは深夜ではないので、彼はよく「ふかし（ほら吹き）市」と自嘲《じちょう》していました。

そのふかし市と、僕が当時、実行委員として関わっていた左京区の個人店主たちの祭「左京ワンダーランド」のノウハウを足してやってみようかという機運が高まり始めていました。

立本寺の本堂は、趣のある建物の中に説得力のある仏像が並んでいます。現場でその光景を見ていると、皆、次々とアイデアが湧いてきました。一泊体験のできるマーケット。オールナイト肝試し。闇鍋などなど。

「ええやん、それオモロそうやん」

加地が低い声でアイデアに油を注いでいきます。その日の僕たちは、それぞれ自分の持ち味を生かしたアイデアをうわ言のように飛ばし合いました。

それからしばらく経って、そういえば立本寺のミーティングの続きをしようということになり、山下、松本、加地は左京区出町柳にあるカウンターだけの居酒屋に集まりました。

セレクトショップ店主として酔えない三人は、〈しらふ〉で酒を交わし、うだつのあがらない会話をし始めました。

僕はガケ書房を背負って、松本はコトバヨネットを背負って、加地は移転前の100000tを背負って。

話は何の役にも立たない話が九割で、あとは店の話やここのところ思ったことなど。どちらにせよ、酒場でよく見る光景です。不平不満、悪口、噂話、エロ話、冗談、エロ話。

ようやく、立本寺のりゅの字が出てきて、僕たちはさてどうしようかと〈一点見つめ〉を始めました。現場ではあんなに好き勝手にアイデアを出し合っていたのに、この始末です。

とりあえず、この三人で活動するときのチーム名を決めようという流れになりました。

そのときの僕は、グループや場所を表すとき、すでに皆の頭から忘れられた単位を用いようと思いました。英語は、僕らには合わないのでもってのほか。なんとか社？　なんとか舎？　なんとか堂？　なんとか本舗？　それとも、一つの名詞だけで完結させるか？　そして、ハイボールを呑みながらふと、思いついたのは、座でした。スカラ座みたいなクラシカルなイメージ。劇団にも俳優座などありますね。加地に提案すると、

「ええやん、それ」

と例のあいづちを低い声で早速いただきました。松本も、なに座にしようかと考え出しました。いろいろな候補が出ては消え、またうだうだとどうでもいい話が始まりかけたそのとき、

「ホホホ座っていうのはどう？」

となんとなく発案されました。しかしそのときは皆、口を揃えて言いづらいなぁとなり、その名前を最終候補にその場は解散。

結局、立本寺イベントが開催されることはなかったのですが、ホホホ座というグループ名を僕は密かに温め始めていました。まだ、おっさん三人の口約束だけの実体なき言葉。その言葉に既成事実を作っていこうと考えていました。

センスの落としどころ

山下賢二

あるきっかけ（次項参照）から制作しようと思い立った京都の女性カフェ店主たちのインタビュー集『わたしがカフェをはじめた日。』の自費出版。その本を作る上で僕は、制作パートナーとして松本に声をかけました。彼が町ネタに精通しているのもその理由でしたが、少し前に彼と「センスの落としどころ」について話したとき、波長が合うなと感じていたからです。僕たちは六〜七〇年代のデザインを基調としたクラシックとユーモアを融合させたものへの強烈な渇望がありました。出版する上でその落としどころを具現化するには彼の力が必要でした。

そして僕は、ガケ書房店内でホホホ座の名前を使ったある催しを開きました。それは「ホホホ座の左京区的新生活のススメ」というフェアでした。コトバヨネットや100000t、現在のホホホ座浄土寺店のご近所さんである田中美穂植物店、それからいくつかの作家さんにも声をかけ、ホホホ座というまだ架空の団体が提案する新生活の添え物品フェアを開催したのです。また、そのフェアの発表と同時に『わたしがカフェをはじめた日。』の予約受付も開始しました。もう後には引けない。ちなみにそのチラシをデザインしたのは、現在のホホホ座デザイナー・早川宏美でした。

さらに当時、このフェアの納品でガケ書房に寄り道することが習慣化し始めていた松本とレジでうだうだ話しているうち、お互いの悩みなども話し始め、なんとか現状打破できないかと僕たちは探り始めていました。

その一つが本を出すことであり、もう一つは、僕にとっては店をたたむことでした。僕は二〇一四年いっぱいをもってすっぱりガケ書房をやめようと思っていました。どこかに就職して、ホホホ座という編集チームで本を出版していこうと考えていました。

しかし、運命はわからないもので実際はそうなりませんでした。詳しくは、某大学の入試問題にも出た名著『ガケ書房の頃』（夏葉社）を読んでもらいたいのですが、すごく端的にいうと、当時、ミュージシャンの小沢健二さんと個人的に懇意にさせてもらっていて、小沢さんの導きもあり、僕はずるずるとまた店を続けるという選択肢を選んだのでした。

ただ、続けるにしても当時のガケ書房ではもう僕自身、いろいろな面で煮詰まっていました。実際問題として外壁の木材の老朽化が進んでおり、補修するにも大金が必要で、「移転」という選択肢を選ぶほうが僕のモチベーションも保てそうでした。

松本に相談すると、彼は冗談か本気かこう言いました。

「それやったら、ウチのビルの一階が今、空いてるから来る?」

僕は本気にとっていませんでした。ハハハと終わらせました。でもまぁ、一度見に行ってみるかとなり、見に行きました。

その空間に足を踏み入れてすぐ僕は彼に言いました。

「俺、ここでやるわ」

僕も松本も、一階と二階の店名をホホホ座で統一することに決めました。

わたしが取材をはじめた日

山下賢二

ガケ書房をそろそろ本気でやめたいなと思い始めていた時期、友人のカフェの二階で何か展示をしないかという話をいただきました。僕はどうしようかと悩みました。少しだけ。

作品を発表している人間ではないし、技術もありません。でも、そういう話をもらえるということは嬉しいことです。何か面白いことをしてくれるだろうという期待をいただいたわけです。

期待と大きすぎないプレッシャーは結構、好きです。人を驚かせたり、喜んでもらうのは快感です。また、元が怠惰な人間なので、締切や負荷のある場を与えられないと何もしません。なので、いただいた依頼は基本的にはすべて受けることにしています。

いやしかしどうしようか？　絵画？　陶器？　写真？　何も技術がありません。技術はいらないという考えもありますが、僕を知らない人が見ても喜んでもらえるものでないと納得いきません。

文章のまねごとのようなものは書きますが、それを展示するのは僕にはまだアヴァンギャルドすぎます。

何気なくそこに来た人が興味を持ってくれるもの。僕は自分の核よりもその場所の特性に照準を合わせました。

そのカフェに来る人たち。コーヒー好きの人、ランチに使っている人、時間の使い方のうまい人、カフェ巡りの好きな人、店のファンの人。

そういう人たちに興味を持ってもらえる展示。会場そのものを素材にした本を作ろう。その制作過程を展示し、会場に来た人に本を販売しよう。小さなＺＩＮＥのようなものを作ってみるか。そんな軽い気持ちでした。

しかし、欲張りの僕はいざ作るとなると、どうせなら売れるものを作りたいと考えるようになりました。〈せっかくなので〉〈ついでに〉というあさましい思考です。その機会を最大限に生かしたい。ああ、貧乏性。

売れる本とは？　ひとまずわかるのは、自分の店で何が売れているかということ。店に直接来て本を買う層は、女性が多いです。それは、買い物に限ったことではなく、イベントに来るのも、街歩きするのも女性ばかりです。

特にライブイベント、トークイベントはどの会場でも女性たちの集客に左右されます。男性客が多いイベントというのは、特定のジャンルになってしまいます。

これまでたくさんのイベントを開催してきましたが、女性が関心の低いジャンル（例えば、昭和に青春を送った男性たちが好きそうな類とか）は、総じて集客が悪かったです。普段からそのおっさん層にアピールする態勢ができていないというのもありますが。

当時、ガケ書房でよく動いていた本のキーワードは三つありました。

「カフェ」「京都」「女性」

そういえば、会場である「カフェ」は、「京都」にあり、店主は「女性」でした。この三本柱をテーマにした本を作ろうと考えました。京都は観光都市であり、学生の多い街なので、喫茶店文化が充実しています。知り合いの女性が店主をしているカフェもいくつかありました。彼女たちにインタビューしてみよう。どちらかというと、対談的な立場で話そう。

それからもう一つ、僕がその本を作るときにテイストとして大事にしたいことがありました。それは、女性特有のナルシスティックな〈理想の暮らし本〉にならないようにしようということでした。その当時は今よりさらに、〈理想の暮らし本〉が花盛りで、毎月そのような雑誌やムック本が店頭に並び続けていました。

毎日の生活を心地よく暮らしたいと思うのは、当たり前のことです。その理想の暮らしのモデルケースを参考にしたり、憧れたりするのも当然です。しかし、そのような本は僕らの見るかぎり、もう飽和状態のようでした。また、気分に酔いきれない僕たちにそういう〈理想の暮らし〉は無理な芸当でした。やればやるほどバカにした記事になりそうです。どうせやるなら、そろそろ暮らし本の進化系を提案できないだろうか？

暮らしからはみ出るネガティブな事情に蓋《ふた》をせず、理想の暮らしの足元には〈生活という継続していく日々〉があることを紹介したい。それによって読者の共感と安心も得られるかもしれない。理想郷ではなく、日常と地続きの話。

取材を始めようとしたときに一番よく会っていたのが、松本でした。手探りながらとりあえず始めようかと思っていることを彼に話すと、よければ自分も手伝わせてほしいと言ってきてくれました。

彼は京都ネタに強いことを知っていたので、これは渡りに船とすぐにお願いしました。

元々、今、横行している〈清潔で特別〉な価値観とは違うテイストを自分たちの切り口で形にしたいなと話していた間柄だったので、一から十まで説明しなくてもお互いの思い描いているものが共有できました。ともに六〜七〇年代文化が好きでカッコイイと思うことが近いので、近いイメージを共有できることは強いと思いました。

クラシックとアヴァンギャルドがいいバランスで配合されたもの。粋とベタの振幅。キメすぎない自意識過剰。まず、空気をブチ壊してから違う濃度の空気を送り込む。たくさんの候補の中から個性に独特さがあった女性店主七組を選びました。取材など初めてでしたが、聞かなければならないこと、自分の聞きたいこと、相手の話したいことをたどっていくと、いつもあっという間に取材が終わりました。

しかし、取材中はいつも手応えがつかめずにいました。これで本当に面白い本になるのだろうか？　不安の中、文字起こしをすると、その思いはいつも杞憂《きゆう》に終わりました。彼女たちの発言は、文字に起こすといつも言葉が立っていたのです。「あ、これはイケるかも」という小さな自信が文字起こしするたびに確信に変わっていったのをよく覚えています。テキストをどういうふうに〈読む気〉にさせるか？このファーストコンタクトは、本を作る上で、そして売る上で本当に大事だと思っています。装丁、タイトル、レイアウト、文字の形、大きさ、文字間、行間、イラスト、写真、紙、判型、発行元のイメージなどその関わるすべてといってもいいほどの事柄が商品の特性に反映されます。読書に能動的でないこのご時世では、そのハードルをいくつかクリアして初めて中身を読んでもらえます。

ルックスを磨く。しかし、僕たちのルックスの磨き方は流行りの顔を目指しません。どちらかというと、流行りの顔を相対化したものを目指します。

今、流行っているムード。本の世界で言うと、今の流行は新刊の中にあります。かつて流行ったノリ。これは古本の中に残っています。本というのは、出版された瞬間に時代がパッケージングされます。思想やセンスがひとまずその時点で切り取られ、地球上にどすんと落とされるのです。

僕たちのルックスの磨き方は、その新刊と古本のそれぞれの時代のムードを融合させたものを目指しています。

『わたしがカフェをはじめた日。』もそのベクトルで作られました。古本みたいな新刊。念頭にあったのは、花森安治《やすじ》が作ったノリの『暮しの手帖』でした。あのいびつさ。迫力。ユーモア。僕らは昭和三十年代のあの雑誌からその部分を読み取りました。あの感じで今の素材を扱えないだろうか。それには、ホホホ座のもう一人の重要人物、イラストレーター、デザイナーの早川宏美の力が必要でした。

実力で入った唯一のメンバー登場

松本伸哉

ホホホ座の男衆三人は、「キャリアはあるけど、実力無し」といえます。僕らには、プロと呼べるような、「スキル」が何もないからです。

お店の場合、「（お客さんを）待っている」ことが、仕事の大半を占めるので、多少我慢強くはなるものの、特殊な技能が身につくわけではありません。店がヒマ。の状態のときは、文字通りヒマにしています。

そんなにヒマなら、仕事に役立つ、何らかの技能を習得すれば良いではないか？と思うかもしれません。しかし、そういう気分になれないのです。

店を開け、お客さんを待ち、店を閉める。この永遠に続くかのようなルーティンワークの中では、自分自身を磨くアグレッシブさがなかなか生まれません。

おそらくこれは、「今日の売上やばいかも、いやこの店自体がもう終わりかも」という、言い知れぬ不安と常に闘っているからだと思います。

向上心というものは、経済的にも精神的にも調子の良いときにしか生まれないものなのです。

別の言い方をすれば、そんな不安の中でもほがらかに過ごせるような鈍感さが、商売を長続きさせる秘訣でもあります。毎日、シビアにそろばんを弾くようなタイプの方は、よほどの精神力がないかぎり、確実に心が折れます。


いくら鈍感でも、本を一冊作るためには、レイアウト、デザインをする人材がいるということくらいはわかります。

そこで、スカウトしたのが、紅一点、ホホホ座で唯一実用的な「スキル」を持つ、デザイナーの早川宏美です。


早川と出会ってからは、七〜八年になるでしょうか？

二〇一一年秋、恵文社一乗寺店とガケ書房が共同開催したイベント「きょうと小冊子セッション」に参加するために彼女を誘ったのが、一緒に仕事をするきっかけです。

その頃の早川は、デザイン会社に所属する職業デザイナーで、実のところ、ほとんど仕事の成果物を見たこともなく、何をしているのかもよくわかっていない状態でした。今思えば、まことに失礼な話です。

最初に依頼したのは、冊子タイトルとして考えていた「コトバヨネット」のロゴデザインです。「錆《さ》びたような、古めかしい感じがええなあ」と、ざっくりしたイメージだけ伝え、そこに女性らしい、やわらかな感性が入ることを期待していました。しかし、打ち合わせの席で見せてもらったデザインは、文字通り、鉄が錆びたようなハードなもの。僕のイメージとは、大きくかけ離れています。

早川は伝えた通りにデザインをし、男である僕にイメージを寄せてきたのだと思います。

彼女を責めるべき理由はなく、何とか上手く意図を伝える言葉を探しました。

こっちの感じじゃなく、あっちの感じ。でもその「あっち」をどう言葉で説明すればよいのか？　わからない。

「うーん、まあ、その……」

恋人同士でなくとも、女性との間に流れる長い沈黙は、たえ難《がた》いものです。まさに男が饒舌《じょうぜつ》になる瞬間。その場から逃げ出したくなる衝動をさとられないように、デザインとは関係ない話をべらべらとたくさんしたような気がします。

薄々、気がついてはいたのですが、僕は、「しゃべりながら考える」タイプなのです。

練りに練ったアイデアを繰り出すようなことは、得意ではありません。練れば練るほど、自信がなくなります。会話の中から、その場で思いついたことを組み上げていく。これが、僕の思考方法です。

このときも同じでした。「関係ない話」は、お互いのことをより深く知る方法でもあるので、デザイナーに対する言葉の選び方や、デザインの着地点が徐々にくっきりしていく、心地よい感覚がありました。

早川は、非常に勘がよく、自分の持つ技術と、アイデアを組み合わせて、いくつかの具体的な方法を提案してくれ、僕の素人丸出しの意見すら「そういう方法もありますね」と、馬鹿にせず聞いてくれました。

その後、幾度か打ち合わせをし、冊子のテーマは「食と人」に決定しました。やわらかいテーマです。

早川が選んだ「やわらかさ」と「古めかしい」ニュアンスを出す手法は、手書きのロゴ。本文の文字面は、プリントアウトして、数回コピーをかけ、いい具合にブレやにじみが出た頃合いにハサミで切り取り、台紙に貼り付けてスキャン。さらに、表紙にはスーパーのレシートを真似たシールを、わざとくしゃくしゃにして貼るという、非常にアナログなものでした。

この手法は、その後、定番化し『わたしがカフェをはじめた日。』のデザインにも引き継がれています。


仕事で失敗をした若い部下に向かって「結果よりもプロセスが大事なんだから、次がんばれ」と諭《さと》す、できた上司がおられると聞きます。

「結果よりもプロセス」

確かにそうです。

僕にとっての「結果よりもプロセス」とは、わざわざ言えるような、話のネタとしての話題が、制作の過程で発生しているかどうかです。

文字が劣化したようなデザインをソフトだけで加工したのでは、ネタにはなりません。「そうですか」ですむ話です。

しかし、何回もコピーをした。というだけでネタになります。このような「わざわざ言いたいためだけに、遠回りをする」ことは、セールストークとしてかなり効果的です。

「わざわざ言いたいためだけに、遠回りをする」ことは、意識的にやっているわけではないのですが、なぜか、ホホホ座では多い気がします。日頃、無駄話ばかりしているからでしょうか？

面白い表現は、合理性から離れたところから生まれる。そんな気もしています。

こうして作られた冊子『コトバヨネット京都――食と人』は、四〇〇部と少部数でしたが、ガケ書房と恵文社一乗寺店だけの販売で、予想以上に早く完売しました。

その後、早川が独立するタイミングで、僕と彼女は、コンビを組んで、なぜかデザインの仕事をするようになったのです。

デザインの仕事については、営業もしておらず、成果物をウェブに掲載したりもしていないので、まったく認知はされていませんが、今も地味に、ずっと続けています。

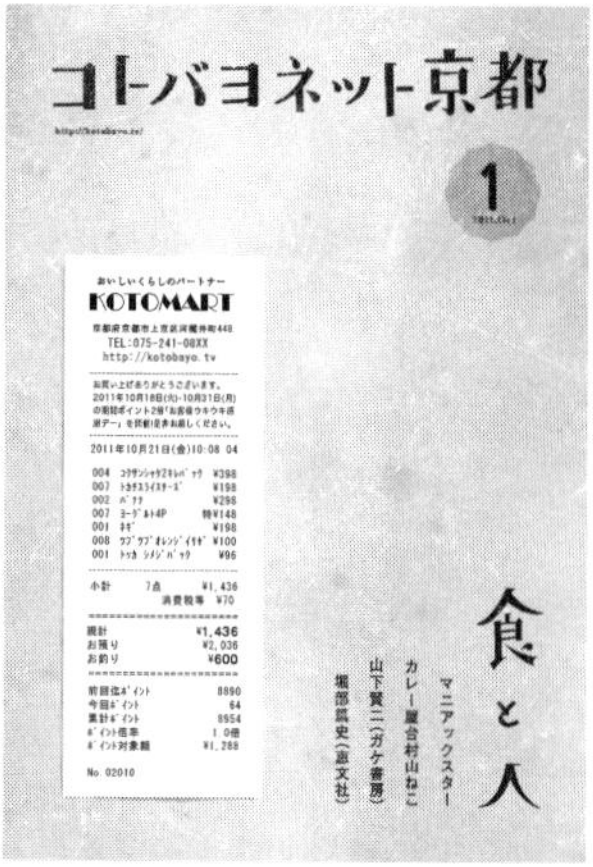

早川がデザインを手がけた制作物

松本伸哉

「地域おこし」はしない

僕が、左京区浄土寺にコトバヨネットを作った二〇一一年。このあたりは特に注目されることのない地域でした。

ホホホ座が店を構えるハイネストビルは、その当時、美大の卒業生たちが管理運営する、ギャラリーと住居、デザイン系の事務所が入る複合型のビルで、現在も外観に残るMUZZの文字は、その運営団体の名称です。

ただ、MUZZの活動自体は、それほど活発ではなくなっており、稼働している事務所も一つ、居住者もおそらく一人だけだった気がします。

店舗として借りたのは、僕が初めてでした。

立地としては、哲学の道まで徒歩三分、銀閣寺や法然院《ほうねんいん》、真如堂《しんにょどう》までも徒歩圏内と、観光地に隣接しているものの、普段は、ご近所の方が、のんびり前を通るだけ。さらに、お店は薄暗い入口から階段を上がった二階と、商売をするには、なかなか手強い物件です。事実、オープン当初は、閑古鳥《かんこどり》の鳴き具合も尋常ではなく、一日の来客数が二〜三人の日もざらでした。

商売としての勝算は、ほぼゼロに等しかったのですが、いわゆる普通のテナントビルのような、管理された空間ではなく、入居者が自主運営をする自由さと、賃貸初期費用の安さに、僕は、ビルとしての可能性を感じていました。

結果的にその読みは的中し、コーヒーの焙煎・販売をするお店、イラストレーターのアトリエ、アンティークのボタンやビーズを扱うお店など、アレよアレよという間に、部屋が埋まり始めたのです。

「そのうち何かしよう」と、一階スペース（現ホホホ座一階）を借りたのは二〇一三年のことです。もちろんその頃は、ガケ書房移転の予定もなく、ホホホ座のお店を作る計画もありません。今思えば、ぞっとするような無計画さです。

ビルの風通しが良くなり、人の出入りが増えると、次の問題が浮上します。

近隣住民に怪しまれることです。

京都市内は、地蔵盆、区民運動会などのイベントが地域ごとに開催されるため、町内会の結束も強く、特に浄土寺のような住宅街は、たとえ、お店であっても、ドライな関係性だけではやっていけない一面があります。見なれない一団が出入りをしていると、予想以上に近所の方から「見られている」ので、注意が必要です。

京都には、一見すると狂気の沙汰《さた》とも思えるようなお店が、平然と続いている事例がいくつか見られますが、おそらく、町内会や地域に対して、一定の貢献をしている場合がほとんどだと思います。

浄土寺近辺には、僕がこの地にやって来る以前から、「マニアックスター」「田中美穂植物店」「青おにぎり」という、かなりアクの強い店主が取り仕切る、個性的なお店がありました。しかしながら、どのお店も、近所の人が井戸端会議をするような、風通しのいい場所として地域に溶け込んでいます。そこにお店があって、看板をあげて普通に営業（これが重要）をしておれば、多少、様子のおかしいお店でも、地域の異分子として警戒されることはめったにありません。違和感も日常になれば、受け入れられるのです。いつ開いているのか、何をしているのかわからないようなお店が、最も警戒されます。

二〇一五年。ホホホ座の開店以降、さらにお店は増え、雑誌などで「浄土寺エリア」として紹介されることもしばしばあります。ありがたいと思う一方で、諸手《もろて》を挙げて歓迎する気持ちにもなれません。そんなに盛り上がっているわけではないので、訪れた人のがっかり度数が高まることへの申し訳なさ、一時的に「注目エリア」として取り上げられた地域がブームとして消費される不安。今の雑誌にそれほどの影響力はないにせよ、正直、そっとしておいてくれ。と思っています。

ご近所さんから、かつて、ホホホ座前の通りは、市場があり、商店も多く立ち並び、なかなかのにぎわいであったと聞きました。白川通《どおり》から、法然院や安楽寺に向かう参道であったからでしょう。

街の風景が変わっていくのには、長い時間をかけて積み上げられた、さまざまな要素が複雑に絡み合っています。急にどうなるものでもなく、極端な話、衰退をしたのと同じ年月をかけないと、にぎわいは戻らないのかもしれません。

浄土寺に少しずつ人やお店が集まりだしたことも、僕が能動的に動いて仕掛けた。という実感はまったくありません。毎日お店を開け、店頭に立ち、閉める。という、日常の繰り返しから、たまたま始まったことです。

この世の中には「仕掛け人」と呼ばれる人がいます。「仕掛け人」と言っても、藤枝梅安《ばいあん》や、どっきりではありません。ブームを作ったり、何かを「起こし」たりする人のことです。「仕掛け人」の中には、罠《わな》にかかったまま置き去りにしたり、仕掛けを自慢して、自分だけが得をする人もたくさんいます。

地域にとっては、誰か（仕掛け人）がいなくなったら、そこで終わってしまうような状況では、まったく意味がないのです。

結局、あらゆる物事は、自然発生的に始まることが、一番長続きし、強い。と僕は考えています。

なんとなく始まったホホホ座のように。

第2章

左京区ゆるい問題と「どう食う?」問題

溺れそうになる町

山下賢二

僕が、現ホホホ座浄土寺店二階店主の松本伸哉と初めて会ったのは、彼が左京区でメンソウルレコードという店を切り盛りしていた頃でした。

メンソウルレコードには、何度か行ったことはありましたが、レジでいつもお客さんとロングトークをしていたのが印象的でした。うんちく系の人なのかなと一方的に思いました。ガケ書房で彼が制作したCDを扱ったりして、納品者と販売者としての付き合いは少しありましたが、ただそれだけの関係でした。

しかしある日、彼は企画書を持って店内に入ってきたのです。それは当時、流行り始めていたユーストリームという動画共有サービスを使ってネット番組を一緒にしないかという提案でした。当時はまだユーチューバーのように自前で気軽にネット中継するということは一般化しておらず、その動画共有サービスを使うと、生放送の番組をガケ書房から発信できるということでした。

それは面白いということで、僕たちは先述しました「ミッドナイトガケ書房」というプログラムを幾度か放送することになりました。

ガケ書房のレジに固定カメラを設置し、レジにやってきたお客さんを生中継するというものです。放送中に買い物をすれば、カメラ前で何かしらの告知やメッセージの発信やパフォーマンスができるというシステムでした。または買い物しなくても差し入れを僕たちに持ってくれれば、出演できるというルールもありました。事前にそのルールを告知し、当日に備えました。たまたま買い物に来ただけのお客さんには放送の許可が下りたらカメラのスイッチをONするということで対応しました。

誰もレジに来ない時間は、僕と松本が世間話をカメラ前でだらだらし続けます。当時はまだお互い、敬語で話していました。

そのプログラムでぐっと二人の関係性が縮まったのは事実です。僕は何に対しても話のネタを持っている松本の底を見てみたくてガンガン突っ込んでいきました。

そこからは、なだれ込むようにホホホ座まで突き進んでいった印象があります。ガケ書房の大変な引っ越し&解体作業も彼のおかげでスムーズに運びました。

しかし、浄土寺というのんびりした地域で果たしてやっていけるのだろうかという不安はやはりありました。ガケ書房は表通りに面していましたが、今度の物件は生活道路の裏道に位置し、一見、わかりづらい薄汚れたビルです。

そういうことが要因だったのか、僕はまたも店の看板を入れ墨のように大きく入口の壁に描いてしまいました。描いたのは、当時、左京区に住んでいた画家・下條ユリ。彼女との出会いもこの浄土寺を身近なものにさせてくれるものでした。

彼女の人脈で知り合った人々は僕の生活ルートでは出会えない人たちばかり。料理人・船越雅代ちゃんを中心にたくさんの外国の人とも知り合いになりました。また、雅代ちゃんを通して作詞家の松本隆さんとも深い仲になってしまいました。近所付き合いという意味では、浄土寺は同じ左京区なのにガケ書房の頃よりも圧倒的に近所の顔が見える地域となりました。

真夏の五山の送り火のときにはその熱まで感じそうなくらい近い距離に感じる大文字山。近くを流れる疎水みたいなのんびりした川。観光客でにぎわう哲学の道。毎月二日に地蔵縁日を開催している安楽寺など、生活道路と観光の裏ルートが入り交じる特殊な地域です。

最近では、雅代ちゃんの店「ファームーン」、前衛的ライブスペース「外」、現代アートスペース「浄土複合」、原材料にこだわったレストランとギャラリー空間「光兎舎《こうさぎしゃ》」、シティミュージックがかかるカフェ「プルストカフェ」など、人があまり出入りしない地域にしては要素が増えてきています。

平日はほとんど人が通りませんし、午後六時以降に至っては、死んだ町のように人が通りません。若い母子やお年寄りはたまに通ります。学生や若者たちは絶滅したのかというくらい、見かけません。道に迷った観光客がたまに通ります。そんな立地です。そういうことなので、家賃はガケ書房のときと比べると安いです。そういうことなので、ぼーっとしがちです。しかしぼーっとしてては、やっていけません。

僕は、ほぼ謙虚に、ときに横柄にやりくりしています。やりくりという言葉がピッタリの地域です。特に小売業であるホホホ座は霞《かすみ》を食べるように実体のないお金を右から左へ受け流しています。マイペースといえば、聞こえがいいですが、本当にマイペースだとたぶん沈んでいきます。なので、僕は水面から口だけ出して一生懸命足をバタつかせているのです。

そろそろ、松本のバタつき加減も披露してもらいましょうか。

ガケ書房

メンソウルレコード（MENSOUL RECORDS）

ゆるせるゆるさゆるせないゆるさ

松本伸哉

ホホホ座の前身の前身となる中古レコード店、メンソウルレコード（MENSOUL RECORDS）は、九〇年代の後半に愛媛県松山市でオープンし、その後、双子の兄が経営していたレコード店と合併するかたちで、京都へ移転しました。営業していたのは、十年と少しです。

最初は、海外で買い付けしたヴィンテージ・レコードとオリジナルのアパレルを中心とした、それこそ「すかしたセレクトショップ」風情だったのですが、「レアな」中古レコードを狙い撃ちした商売は、とにかく維持存続が大変でした。

仕入れのコストはかかるわ、探す時間、労力はかかるわ。たとえ一万円のレコードが売れたとしても実利としてはどれくらいなのか？　考えると恐ろしくなります。時給に換算すると確実に一〇〇円以下です。

さらに恐ろしいのは、元々そんなに球数がある商品ではない。ということです。農家の納屋から、お宝ザクザク。みたいなことは、めったにありません。そのほとんどが世界各地のマニアの間でぐるぐる回っているだけなので、市場規模は、かなり小さいのです。中古レコードマニアの世界は、ある意味サスティナブルな循環型社会。ともいえるかもしれません。

そんなマニア循環型社会に飛び込んで、一儲けするためには、強力な情報網と行動力、そして、何よりもお金が必要です。残念ながら、そのどれも持ち合わせていなかったので、必然的にコストがかからない、お客さんからの買い取り中心に仕入れスタイルを変えていきました。

「ゆるい」という表現は、良い意味でも、悪い意味でも使われます。

お店や地域のことを「のんびりしている」「適当な」というニュアンスで「ゆるい」と表現するようになったのは、わりと最近のことなのですが、僕がずっとお店を構えている左京区では、あたかもそのやる気のなさが美徳であるかのように、良い意味で使用されることが多い気がします。

もちろん、演出してそうなるわけではありません。自称「ゆるい」は、このあたりでは厳しく摘発され、重い処分が課されます。僕も松山でお店をやっていたときは、

「ゆるい」と言われることはなく、そのつもりもありませんでした。しかし、左京区に移転して、いつの間にか「ゆるい」チームに入れられていて、びっくりしたものです。

レコードや本は、特別な買い物ではなく、誰もが身近で手に入れることができる文化的娯楽商品です。それゆえ、売るのも買うのも、お店がある地域の特色に影響を受けます。左京区の地層から湧き上がってきた「ゆるさ」に、知らず知らずのうちに侵食されていたのでしょう。

別の見方をすれば、お店側からお客さんを限定するような、セレクトショップ的発想では、上手くいかない。ともいえます。左京区には、おしゃれな服屋さんはほとんどありませんし、今はやりのライフスタイルショップ的なお店も皆無です。強いていえば、恵文社一乗寺店くらいでしょうか？　ただ、あそこは、時代が要求する需要に合わせ、創意工夫しながら生き残ってきたお店であり、いきなりあのようなスタイルになったわけではありません。むしろ手本となるスタイルを作った店です。

もう少し、このゆるい問題について書きます。

あくまでこれは、ニュアンスの問題なので、文字通り、ゆるい＝弛緩しまくった状態でお店を経営しているわけではありません。例えるなら水面をのんびり泳ぐ水鳥のように、水面下では必死に足を動かしています。

僕にとっての「ゆるい」店とは、あらゆるタイプのお客さんを受け入れることでした。さすがにJ-POPなど、どこにでもあるような商品は扱っていませんでしたが、あまりジャンルにこだわらず、何でも買い取り、売ることを信条としていたので、さまざまなタイプのお客さんが来店していました。

しかし、前述したように、地域性は、どうしても影響してきます。それに合わせないと売上が上がらないからです。買い取るジャンルを限定しない場合、中古で特色を出すのは難しいので、新譜でお店のカラーを打ち出すしかありません。

新譜として主に扱っていたのは、ノイズ、前衛音楽と呼ばれるジャンル、プログレッシブ・ロック、一部のクラブミュージックなどで、国内のインディペンデント・レーベルやアーティストから直接仕入れをしていました。音楽についての詳しい説明は省きますが、かなり「ややこしい」類の音楽と言えます。

メンソウルのあった、一乗寺〜高野周辺は、京大生や、京都精華大学、京都造形芸術大学、京都工芸繊維大学の美大生軍団が多数生息し、京都の音楽シーンを語る上で欠かせない、京大西部講堂や吉田寮関係者も頻繁に出入りしていたからなのか、「ややこしい」方向にどんどん舵《かじ》をとられ、その一方では、やたらアイドルのシングルレコードが充実していくなど、ふと気がつけば、とんでもない混沌の海原へとたどり着いていたのです。

そうなると、常連のお客さんは、どうしても、「変わった人」が多くなります。なかには、リアルに精神を病んでいる人、素行や思想に若干問題がある人などもいました。当時の僕は、そのようなタイプの人にほとんど抵抗がなく、むしろ刺激的な、面白い人として付き合っていたようなところがあります。

問題は、仕事とプライベートの区別がつかなくなってくることでした。人間のネガティブな部分を共有してしまうと、人との距離は、どうしても近くなってしまい、仕事とプライベートの境目が曖昧になります。お店を続けていくためには、お客さんと一定の線引きをする必要があると、ある時期から、はっきりと感じていました。

これは、明らかに僕自身の立ち居振る舞いの問題です。僕がメンソウルを閉店したとき、重い呪縛から解き放たれたような、今まで味わったことのない解放感がありました。

結局、僕には、彼らのような存在とずっと付き合っていく度量も根性もなかったのでしょう。

一度、ある人に「松本さんの（そういう人との）付き合い方は危ないですよ。医者やカウンセラーじゃないんだから、対価をもらわないとやっちゃだめです」と、言われたことがあり、そのときは、そんな大袈裟《おおげさ》な。と思ったのですが、今思うと、専門知識もない人間が、多少の経験値だけでなんとなくわかった気になることが、大きな危険をはらんでいることも、よくわかります。

これらのことは、第1章で山下の書いたようなセレクトショップ的〈清潔と特別〉に対し、どうしてもそうはなれなかった者の怨念《おんねん》が生み出した、また別の〈特別〉なのです。その〈特別〉さに酔いしれることで、根拠のない選民思想を持っていたのだと思います。

ただ、いつの間にか僕もいい大人になっており、そんな状況に酔いしれることは、もうなくなりつつありました。

メンソウルレコードを閉店することは、僕にとっては、大きな決心というほどでもなく、向こうから勝手にやってきたような感覚があります。潮時。という表現も、どこか違います。気持ち的にも、状況としても、なんとなく、フェードアウトした。というのが、一番近いかもしれません。

この時点で具体的な構想はありませんでしたが、次にやる店は、この「ゆるい」「混沌」「ややこしい」を流れにまかせ、そのまま受け入れるのではなく、客観的にとらえ、コントロールせねばならない。とは考えていました。

とりあえず、左京区から出る気がなかったことは確かです。

左京区の磁場に影響され、コントロールを失ったメンソウルの後、若干のブランクを置いて始めた次の店「コトバヨネット」は、どんな店なのか？

もう少し続きます。

松本伸哉

暮らしだろ

「コトバヨネット」という名前には、ホホホ座と違い、はっきりとした意味があります。「コト」は「事」と「古都」のダブルミーニング。「バヨネット」は、カメラのレンズを付ける、ジョイント方法の名称です。「事」と「古都」を繋げるという意味。また区切り方によっては「言葉よネット」とも読み取れる仕掛けを施していました。

なぜこんな辛気臭《しんきくさ》い要素を当て込んだかというと、そもそも、先述の小冊子自体が「架空の雑誌」として作ったもので、いかにも雑誌っぽいコンセプチュアルなネーミングを意図的にしたのです。

その名前は、そのまま店名にもなりました。

正直なところ、この名前に対する思い入れは、ゼロです。でも一部のお客さんは「コトバヨさん」と呼んでくれていて、その響きはかわいらしくて好きでした。

意図したことではないにせよ、結果的にエキセントリックな方向に進んでしまい、マニアとの攻防戦に明け暮れたメンソウル時代の反省もあり、「コトバヨネット」では、「日常」や「生活」と地続きのお店をやりたいと考えていました。

具体的には、メンソウル時代から販売していた古書を主力商品にし、売上のグロスを上げるため、陶器を中心とした、作家ものの工芸品を取り扱う、複合型の店舗スタイルです。

音楽ソフトに比べると、古書のほうが世代、性別を問いません。もちろん一定量のマニアがいる世界ではありますが、実感としては、はるかに「おだやか」です。

陶器に関しては、趣味として嗜《たしな》んでいただけなので、それなりに勉強もし、各地の窯元を回って仕入先を探しました。

商品構成を見てもおわかりかと思いますが、コトバヨネット〜ホホホ座二階は、最初から、いわゆる「暮らし・生活系」のお店として、意図的に運営している部分があります。

内装もウッディな温かいものにし、取り扱う作家さんも、ポップでエッジの効いたものではなく、「工芸」や「民藝」というキーワードに収まるようなものを置いています。季節によっては、無農薬のかんきつ類や、お茶、穀物類などの保存可能な農産物も販売します。

「暮らし・生活系」にしたのは、単純に僕自身の興味がそこにあったからです。もちろん能力的に「やれる」内容であったことも、それなりの需要が見込めたことも、裏付けとしてはあります。

ただ、この「暮らし・生活系」という言葉については、きちんと説明をしておかないと非常に危険です。この問題についてはあとで詳しく書きますので、楽しみにしておいてください。

自分の仕事を、日常の生活目線にしたことは、予想以上に大きな出来事になりました。

珍しいもの、変わったものを求めるマニアの世界は、商品そのものの価値しか見えていないので、視野は狭くなります。

対して、普通のものが普通に売れる状況は、商品の先に広がる世界＝日常が、くっきりと見えてきます。例えば、買い取らせてもらった本の傾向だけでも、人々の視線がどこに向き、何を求めているのか？　意外なほどわかります。

そうすると、その視線に対して何かを投げかけてみたくなったのです。

今までは、外野めがけて豪速球を投げていたのが、ちゃんとホームベースに向かって投げることを覚えた。とでも言いましょうか。たとえ変化球であったとしても、ストライクを取りにいかないとお話にならないと、やっと気づいたのです。

この時点ですでに四十代半ば、かなりやばいかもしれません。

東日本大震災以降の世界観も確実に影響しています。

「暮らし・生活系」という言葉も、「シェア」や「場づくり」の観念も、以前の僕なら間違いなく懐疑的にとらえ、問題提起はするけれど、行動としては何もしない。という体《てい》たらくだったと思います。

自分にとって、必要ではないものも、切実に必要としている人たちがいる。ただ、そのことを素直に認めるだけで、世界との付き合い方が変わってきたのです。

とはいうものの、どうしようもなく斜に構えてしまう自分も、まだ残っています。素直になりすぎると、自分から毒気が抜かれてしまう。そこまで「いい人」には、なりきれない。どこか、いい塩梅《あんばい》の居場所はないだろうか？

四十代半ばを過ぎても、まだまだ落ち着きません。

サブカルでは食っていけない

ホホホ座を立ち上げるに当たって、僕と山下を悩ませる、ある問題がありました。

「サブカルでは食っていけない」

ということです。


サブカルとは何ぞや。という問いに対して明確な答えは持っていません。また、今この場で、サブカルの定義について語ることの意味も、あまりありません。

問題は、僕らが世の中から「サブカルっぽい」と思われていることです。これは、お店とそれを取り巻く環境がもたらす「雰囲気」のことであり、個人の趣味性からくるものではありません。

例えば、店のポップを、個性的な毛筆体で書けばサブカルっぽいと思われ、女性らしい、ちんまりしたかわいい文字で書けば、サブカル度は薄れます。

情報量のコントロールもそうでしょう。店内にチラシやポスターなどを、隙間があれば貼ったり、謎めいた置物を置いたりするような、抑制を欠いた、混沌とした空間は、すなわちサブカル的。と認識されがちです。

このような、日々の積み重ねが、印象としてのサブカル化を招きます。

ホホホ座のような、本、雑貨を売るスタイルでは、サブカル的であるか否かは、本来、販売している商品の傾向によって決まります。しかし、現在お店に置かれている商品を見ると、濃度の濃い、サブカル要素を含んだ本や雑貨はかなり少数派です。

今や、ホホホ座がサブカル的であることは「いわれなき」ことなのです。

かつてのサブカル・ショップは、マニアを対象とした道場のようなムードがありました。お客さんと店主が、あれはないのか？　では、これならどうだ？　と、被《かぶ》せて被せてのやりとりをする過程で、お店のカラーができ上がっていきます。

ただ、この場合、マニアとしての戦闘力は上昇しますが、例外なく普通のお客さんを遠ざけてしまいます。マニアックなアイテムを積み上げたタワーが、どんどん伸びていき、そして、ある日、そのタワーは、思いの外、グラグラだ。と、気づきます。鍛えられた戦士であれば、絶妙なバランス感覚で、頂上に立つこともできます。一方で、初心者は、高くなりすぎたタワーに足をかけることすらできません。その戦士ですら、余計な体力を使うことのない、オークションやネット通販に主戦場を移し始めます。

お店で商品を売るには、コンビニのように、見通しよく平たく並べて、空いた（売れた）ところに、何か別のものを置いたほうが、いいのです。見通しの悪い、密林（カオス）を作ったり、頂上が霞《かす》んで見えないタワーを建設しているお店（あくまで印象の問題です）では、戦士ではない、何かの間違いで入ってきたお客さんの目が、例外なく泳ぎます。「うわ〜、すごいね〜」と、言っていても、何一つ商品情報は入ってきていません。風景を眺めているだけです。

もちろん、サブカル的な雰囲気にシンパシーを感じてくれる方もいます。しかし、そのほとんどが、サブカルっ「ぽさ」に対する判官びいきのような感情であり、それが購買動機になるかといえば、かなり怪しいものです。

日々、そのような状況と戦いながら、僕と山下が、いつも半ばあきらめ気味につぶやく一言があります。

「結局〝暮らし〟系か〜」

ブームとしての「理想の暮らし」

松本伸哉

さて、次に、この「暮らし・生活系」と呼ばれるジャンルについて、少し詳しく触れておこうと思います。サブカルからの脱却を目指す、僕自身の変遷としても、どうしても触れておかねばならぬ話題だからです。

衣食住をメインテーマにした「暮らし・生活系」と呼ばれるジャンルが登場したのは、二〇〇〇年以降に創刊した二つの雑誌がきっかけでした。

まず、二〇〇二年に、大橋歩さんが編集する『アルネ』が創刊し、翌年の二〇〇三年にはマガジンハウスから『クウネル』が創刊されます。

僕の印象では、はっきりとしたイメージを作ったのはこの二冊ではないかと考えています。

一九九九年創刊の『ソトコト』があるではないか？　という意見もあります。ただ、『ソトコト』は、「ソーシャル&エコ・マガジン」をテーマに掲げており、内容としては、もっと明確な思想があります。

「暮らし・生活系」という字面のイメージだけで雑誌の歴史を遡ると、もちろん『暮しの手帖』も入れざるを得ません。ひょっとしたら『ホール・アース・カタログ』なんかもその系譜に入るかもしれません。このあたりの考察は、きっちりやれば、かなり面白いものになると思います。

初期の『アルネ』や『クウネル』は、ある一面では、時代のカウンターでもあったと思います。それは、まだ、それなりに大きな影響力を持っていた「雑誌」であったことが、最大の要因であることは確かです。

特別ではない日々の生活〜食事を作る、掃除をする、風呂に入る、寝る。その生活空間と、個々に関係するアイテムをわかりやすい文章と気の利いた図版で紹介し、読者が「いいな」と思えるような仕掛けを次々と繰り出してきました。

前出の『暮しの手帖』など以外にも、工芸や食文化を深く掘り下げた『銀花』や『太陽』のような雑誌も存在していましたが、その編集方針は大きく異なります。

「暮らし・生活系」雑誌に掲載されているアイテムは、螺鈿《らでん》細工を施した高級塗り箸ではなく、素朴な木のカトラリーであり、絣《かすり》の着物をアレンジした普段着ではなく、リネンのワンピース。といった具合に、ミドルエイジ以降の世代が嗜む、装飾的、趣味的な要素を抑え、三十代の主婦層が日常使いできるような、シンプルで機能的なものが多くを占めます。

暮らしの風景も、コントラストの強い、モノクロ写真で生々しく切り取るのではなく、淡い自然光のカラー写真で掲載すれば、「理想の暮らし」としてのファンタジーを生み出せます。

この二誌を始まりとして、書店には、そのイメージを拝借した、清潔感のある「白っぽい」装丁の関連本が続々と並び始め、かつては当たり前のように行われていた、梅干しや味噌を作る。といった、「手しごと」の再発掘作業が開始されます。

同時に、その作業にまつわる伝統的な道具類の再評価熱も高まり、それまで、インテリアの観念など微塵《みじん》もなかった、ホーロー容器などが、「見栄えのよい」ものとして、台所に出現しました。個人作家の手による生活工芸品も含め、これほど、多種多様な商品が店頭に並んでいる時代は、今までにないでしょう。

気づけば、周りの何人かは、五月になると、来るべき梅仕事（梅干しや梅シロップ）のためにそわそわし、僕自身もこんな店をやっています。ゆるやかな変化ではありますが、「暮らし・生活系」の浸透は、予想以上に大きな時代のカウンターになっているのかもしれません。

この現象は、「都会でなければならない」理由をどんどんなくすことでもありました。インターネットの普及とともに、サブカルチャーなどの都市型の文化でさえ、求める商品を買うことは、ネット通販のほうがむしろ効率的です。「暮らし・生活系」においては、「都会でなければならない」理由は、ほとんどなくなってしまいます。

その一方、テマヒマかけて作った料理に自家製の梅干しを添え、お気に入りの作家が作った器で食べる「理想の暮らし」など、できるわけがない。といった、反発ももちろんあります。

実際は、『アルネ』や『クウネル』には、「〜ねばならない」という、マニュアルを押し付ける雰囲気はありません。

しかし、雑誌の表現として、「理想の暮らし」を掲げることには、鼻持ちならない、一種のスノッブさが漂うことも確かです。都会のほこりにまみれ、神経をすり減らしながら働く人々を、どことなく見下しているような印象があるのも、仕方のないことでしょう。

憧れと憎悪は、常に紙一重なのです。

燃えカスのプライド

松本伸哉

それでも、二〇〇〇年前後に始まった「暮らし・生活系」の流れは、東日本大震災を体験し、移住、オーガニック、スピリチュアル、サスティナブル、オフグリッドなどのキーワードを巻き込みながら、いまだ、衰える気配はありません。

この状況は、拡大することはあっても、ブームとして終焉を迎えることはないでしょう。根底には、テクノロジーの発達や社会情勢がもたらす、もやもやした不安があるような気がしています。たとえ時間と手間がかかっても、自分の手を使って何かを生み出す。そのリアリティを求める気持ちが、この現象を支える本質なのかもしれません。

ただ、この現象は、僕らのような、「アイテム」を扱う商売にとって、重大な問題でもあります。見たこともない、未知の世界への好奇心がどんどん減り、自分の暮らしに取り入れることができる、ちょっと気の利いた「アイテム」を求める状況下では、混沌の中に置かれた、よくわからない「アイテム」を手にとってもらえる確率は、確実に下がります。

ひたひたと忍び寄る、「暮らし・生活系」の足音に、お店の存続をかけて歩調を合わせながらも、時として、その道に、バラバラと画鋲《がびょう》をまき散らしたくなることもあります。それは、常に人生の脇道に追いやられていた、サブカル者としての怨念《おんねん》と、燃えカスのようなプライドがもたらす、屈折した感情なのかもしれません。

刺さって激痛が走るほどではないにせよ、『わたしがカフェをはじめた日。』に、踏むと、やや違和感を感じる程度の突起物を仕込んだのも、それゆえです。

「暮らし・生活系」が、露骨にかたちとして現れたのは、二〇〇〇年以降のカフェブームです。それまでの「カフェ」は、有名どころでは、フランスの大衆的なカフェスタイルを取り入れた「オーバカナル」。京都では、雑誌『オリーブ』誌上で、一九九八年にカフェ・グランプリを獲得した、バリ風内装の「カフェ・ドジ」など、コンセプチュアルなスタイルが主流でした。

しかし、「暮らし・生活系」の浸透に伴い、「古民家を改装」「テーブルや椅子がバラバラ」「塗装をしない無垢素材や古材を内装材として使用」といった、ローコストで生活感のあるカフェ空間が、雨後のタケノコのごとく、続々と誕生します。

これらのカフェは、センスの良し悪しはあるにせよ、コスト面での取り入れやすさもあり、「カフェっぽい」フォーマットとして、急速に定番化していきます。

先日、芸能人が一般人の住宅をレポートする、ある有名長寿番組内で「カフェっぽい内装にしたくて」と、紹介していたキッチン～リビングルームが、まさにイマドキの「カフェっぽさ」そのもので、ついに時代はここまできたか。と、思ったものです。

元々は、「暮らし」と「生活」の空間にインスピレーションを得て、お茶の間の延長線上に発展した「カフェっぽい」内装が、一般住宅における憧れの空間として、逆輸入されているような状態になっているのです。

『わたしがカフェをはじめた日。』は、このような、雰囲気だけをかすめとった二〇〇〇年以降のカフェブームに対する、僕らなりの意地悪な回答でもあったのです。

また、混沌としたサブカル的様相が、一巡して、ひそかな需要を生んでいる面もあります。

二〇一六年、カルチャー系雑誌の『EYESCREAM』十二月号で、ホホホ座が特別編集した「極私的左京区辞典」が掲載されました。この企画は、僕と山下が、左京区のお店やスポット、人物を、独断と偏見に満ち満ちた視点でチョイスし、辞典を模したカタログを作るというものです。

ホルモン市［ほるもんいち］

型染め作家の関美穂子と恵文社のるみちゃんによる不定期開催のフリーマーケット。名前の由来は「情熱ホルモン」の店頭が発祥の地であることに由来する。

魔法さん［まほうさん］

どこまでも長い髪。ボワボワのヒゲ。澄んだどんぐり目。通った鼻筋。おちょぼ口。か細く高い声。年令職業性別不明の初老男性。魔法が使えるという噂から魔法さんと呼ばれる。緑のモトクロスバイクで今日も左京区をブンブン。一説には、映像ディレクターとの噂も。

など、得体の知れない身内ネタに終始する、なかなかアヴァンギャルドな企画でした。

続けて、その記事を読んでくれた、マガジンハウスから、『ポパイ』の京都特集で、同じようなテイストの記事を企画してほしい。と、依頼がきました。

完成した記事は、大人の配慮をし、マガジンハウス側にやや「寄せた」部分もありますが、『EYESCREAM』でも紹介した、左京区の最終兵器「魔法さん」を写真付きで大きく取り上げ、一部に衝撃を与えました。

ちなみに、今現在も「魔法さん」は、謎の存在です。

このような、どこの馬の骨ともわからぬ、個人のマニアックな視点が炸裂した記事は、八〇年代以降のサブカル系雑誌には、しばしば見受けられたスタイルです。情報としてではなく、表現としてのアナーキーさにも需要があった、幸せな時代だったのでしょう。

この二誌以降、その類の仕事依頼がきていないことに若干の不安を覚えますが、心の奥底に、ひそかにしまいこんでいたサブカル・センスに、ちょっとだけ陽の目が当たってきたような感覚はあります。

僕らは、「暮らし・生活系」の流れの中にあっても、物事を切り取る、視線としての「サブカル」っぽさを消し去ることは、この先もできないでしょう。それをどのようにしてお店づくりに反映させるのか？　日々、実験を繰り返しています。

第3章

店を耕す農夫たち

～加地猛との対話～

もう一人のホホホ座のキーパーソン、加地猛とは、どこで最初に会ったのでしょうか。

キーパーソン……かな？

僕が覚えているのは、何かの古本イベントの打ち上げで彼がニヤニヤしていたことです。

今どきの文化系男子とは一味違う低い声に、隙だらけのファッション。しかし、その隙が絶妙で、僕はいつも彼を見てはその佇まいに安心し、感心していたのです。優しさサイズの器の大きさ、だらしなさの中に見え隠れする男気、ダサいものを取り入れていく半天然性。

最初に会ったときはただ不思議な印象の男でしたが、彼の言動の端々にそれを感じ始めました。

加地は、「100000tアローントコ」という中古レコード屋の店主です。そこは古本も扱っていて、その古本ラインナップは並みの古本屋よりも濃い良書が安価でずらっと並んでいます。

特に外国文学の棚。いつ行っても、名作・話題作・珍作が並んでいます。

彼の両腕ぶらりなノーガードコミュニケーションが本を集めているのではないかと僕は勝手に予測しています。インテリもどき、サブカル野郎、ミーハー女子などあらゆる種類の人に隙を与える加地。皆、その隙にまんまとつけこみます。その結果、在庫がまた不用意に増えます。そしてそのラインナップが店の信用になって、隙を増幅していくのです。

しかし、加地の隙は本人の人柄がほとんどですが、まるで釣りの撒き餌《まえ》のように店内に散らばっているのです。本人もどこまで本気で読んでいるのかわかりませんが、例えば、ホホホ座で買う本はいつも文学です。本人に「ほんまに読んでんの?」と聞くと、たぶん「読んでるに決まってるやん」と半笑いで答えることでしょう。読んだ本の内容覚えてる? と聞けば、「全然覚えてへん」と半笑いで答えることでしょう。

そんな不規則な彼のホホホ座以前のヒストリーを聞きたくなった僕は、学生が隣の席でガンガン騒ぐような激安居酒屋に彼を呼び出しました。

かけらもない高校生の頃

山下「高卒やんな？」
加地「うん、大阪の埋め立て地のほうにある地域で二番目ぐらいの公立高校」
山下「かしこかったんや」
加地「いや、中学ぐらいまでは別にいけるやろ」
山下「え？　俺、中二からあかんかったで」
加地「俺も高校になってからは何もわからんようになって、もう別にええかってなった」
山下「部活とかは？」
加地「空手部」
山下「マジで⁉　空手何段？」
加地「四級」
山下「やったねぇ〜、さすが（笑）」
加地「先輩のいいひん部で、一年で入った時点で一番上やっててん（笑）。練習とかもわからへんし、月一回ぐらい大学生が教えに来てくれるんやけど、そのほかの日はそれが薄まった練習メニューをやりながら、みんなでダベるっていう部」
山下「加地くんぽくなってきたねぇ〜」
加地「その部のメンバーが無茶苦茶面白かった。そいつらをなんとか笑かしたろうってことしか考えてへんかったな。向こうもこっちを笑かしたろうって思ってたし。それが高校のすべて」
山下「大阪っぽいなぁ。やっぱり面白い子がモテんの？」
加地「いや、そこはやっぱりスポーティーな奴が」
山下「さわやかボーイか？」
加地「そう、アッパーなノリの奴。それこそクラスの五分の四ぐらいがそんなノリやったから、居場所がなかってん。だから仕方なく、〈ゆっきい〉っていう奴と五人ぐらいのグループを作ってん。そっから一気に文化度が上がった」
山下「文化度って、加地くんは学生のとき、宗次郎とか喜多郎聴いてたんやろ」
加地「いや、バカにするけど、ニューエイジってジャンルは当時、流行ってたよ」
山下「いや、なんとなく出始めてたけど、中学のときって、もっとビートが欲しくてたまらん感じちゃうの。変わってるで、加地くん」
加地「いや当時、植村直己《なおみ》と野田知佑《ともすけ》が二大ヒーローやってん」

山下「え！　まさかのアウトドア派？」

加地「そうやで。設備の整ったキャンプとかは興味ないけど、もっとワイルドな自然志向やってん。高校のときに椎名誠を読みだして、その真似をしたくて、ゴムボートで淀川渡ったり、鹿児島から大阪まで歩いて帰ったりしてたで」

山下「今、その感じ、かけらもないで」

加地「そう？（笑）　そのつもりでいるんやけどなぁ。だから一番憧れたんは、アラスカや。真剣にカヌー買おうと思ってたもん。だからやっぱり、ニューエイジやね（笑）」

若造まるだし

山下「大学は行く気なかったん」

加地「行きたいとは思わんかったけど、一年浪人選んで、でも途中であきらめて。そのうち、お金貯まったら旅行するっていうのを二年ぐらいしてた」

山下「それからどしたん？」

加地「東京進出。映画の仕事とかしたくて」

山下「え、ちょっと待って？　ここまでの話、映画のえの字も出てへんで？（笑）」

加地「いやいや、映画は好きでよお観てたんよ。ヴィム・ヴェンダースとかジム・ジャームッシュとか。そのへんは全部、さっきのゆっきいに教えてもらった」

山下「でも、いきなり映画関係にもぐりこめるわけやないやろ？　バイトは何してたん？」

加地「肉体労働やな。資材運び。当時、ミニシアター全盛期で、いつか俺もそういうとこで働けたらなぁと思ってたら、お気に入りの映画館がバイト募集してて、それに受かってん。そこで三日間だけ働いた」

山下「念願のバイトやのになんで三日なん？」

加地「なんか教えてくれる人がウザかってん」

山下「うわっ！　若者らしいやめ方っ！」

加地「その人は引き継ぎで、俺に教えたらやめるってわかってるのに、どうしても堪《た》えられへんていう」

山下「ハタチな感じやなぁ。ほんで次は何やったん？」

加地「また日雇いやってた。で、一年間くすぶってたんやけど、ある夜に四畳半の裸電球の自分の部屋でくつろいでたら、ドアをどんどんどんってされて。電報渡されてん」
山下「？」
加地「えっ？　この時代に電報？　って思ったわ。当時でさえ（笑）。ほんで中開けたら、チチキトクって」
山下「昭和のドラマの次週へ続く展開か！」
加地「ほんで大阪帰ってきてん」
山下「お父さんそのとき何歳よ？」
加地「五十七歳」
山下「まだ若いなぁ……」
加地「いや、まだ生きてるんやけどな」
山下「え？　ちょっと待ってや（笑）」
加地「それからずっと介護してます」
山下「そうか、早とちりしてごめん」
加地「ほんでそうなると、二十一ぐらいやったけど、家計を支えな！　となってくるでしょ。そっから就職活動とかしたよ。でも結局、就職とか無理で」

山下「そんなせっぱ詰まってんのになんで？」

加地「結構、就職寸前までいくねんけど、やっぱりまだ若さで、いや、いいっすわ、ってなるねんな。自分から無理って言うてまうねん」

山下「よっ、若造！」

加地「結局、警備員のバイトとかに落ち着くねん。それを五年ぐらいしてたかな」

山下「警備員は時給ええからね。俺もやってた」

加地「あ、でも途中、二年ぐらい働いてなかったわ。そのとき、ゆっきいが同志社大学にいて何かと誘ってくれてん。で、京都によく行って一週間ぐらい泊めてもらったりしてた」

山下「完全に親友やな」

レコード売ってレコード買う

加地「で、二十六歳ぐらいのときに初めて一年以上同じ仕事が続けられてん」

山下「それは何？」

加地「マチ金の集金係。三年間やった」
山下「そうなんや！　それって儲かんの？」
加地「時給一〇〇〇円。大阪市内をバイクで回って、決められた人たちからお金をもらって帰ってくる仕事。回り方によっては一日で二、三時間休める。その時間、メシも食わんとフルでレコード屋に費やすねん。それが面白すぎてやめられへんかった」
山下「仕事自体はハードじゃないの？」
加地「全然。あるかないかだけチェックする役やったから。催促すんのは社員さんの仕事」
山下「そういうのって、いろんな人生模様見えたりするんちゃうの？」
加地「うん。誰々さんとこ、もう行かんでいいよって言われて、なんでか聞いたら、南港に浮いてたからって言われたこととかあったよ。方々で借金して、大きい借金返したらすぐ自殺する人とか結構いた」
山下「それが二十六ぐらい？」
加地「うん、ほんで二十九ぐらいまでやってた。その三年間にレコードめちゃめちゃ買ってたから、金無くなるし、回さないかんとなって。で、そのときヤフオクが出始めたんよ。そこで売ってそれを資金にまたレコードとかCD買うっていうサイクルをしだした。で、それやってるときに、五年ぐらい音信不通やった例のゆっきいが俺のCDをたまたま落札したんよ（笑）」

山下「マンガか！」

加地「出品者連絡で、おお、久しぶりって（笑）」

山下「完全に赤い糸やな」

加地「で、そのとき、ゆっきいはセカンドハンズっていう中古CD屋で店長しててんけど、そこのバイトがもうすぐやめるから、お前バイトせえへん？　って」

山下・加地「（笑）」

加地「やる気なかってんけど、もう金貸しやめてたし、腰かけ程度で行こかなって。ほんで初めて京都に来だしてん」

山下「そこで買い取りとか覚えたんかぁ。そこでは店長とかまでいったん？」

加地「いや全然バイト。とにかく上の人らに怒られまくってた。でも俺は納得できひんかってん。これがいいなと思ってやったことがことごとく怒られんねん。俺は逆やろと思ってててん。とにかく何かにつけ、合理化合理化で経費おさえて、バイト一人あたりの負担も増えて。それでその場はもつかもしれんけど、先細りになるだけやと。俺のこれがいいというのと、店長のこうしろというのが全部、逆やってん。だからそんなこと言われてもそうですかと俺は思われへん。レジの中で私語多すぎとかさ。私語多いほうがいいやんって」

山下・加地「(笑)」

加地「で、俺はそれで確信得たし、自分の店はその真逆やったらいいんやって」

100000tすんのかい

山下「そういえば、最初、100000tって尾藤さんって人と二人でやってたよね?」

加地「うん。尾藤くんは同じ系列のビーバーレコードを先にやめて、そんとき、ビックカメラで働いててん。で、たまにみんなで飲もうってときに呼んだら、ビックカメラがつまらなすぎるってずっと泣き言ゆってて。俺もビーバーのやり方に限界感じてたから、尾藤くんそれやったら俺と二人で店やる? ビーバーは新品で金銭的にあえいどるけど、中古だけやったらいける感じじゃない? って、本気じゃないけど発想的に出てきたんよ。そしたら、尾藤くんはビックカメラで絞られとるから、とにかくそこを出たくて、やりましょ！　ってガッと来られてん（笑）。で、俺も、じゃ……じゃあ、やろかって（笑）」

山下「意気込み、まるで違うやん」

加地「でも、何から手ぇつけたらいいかまったくわからへんかって。そしたら、常連やった近所の中古レコード屋さんが高齢で、もう店畳むって話をしに来て、俺もそこ行ってたから寂しいなぁって思ってたら、その店の常連やったおじいさんが来て、わし、もう行く店なくなるわ。兄ちゃん、なんか新しいわしが行ける店作ってくれやって言われてん」

山下「ほぉ」

加地「で、尾藤くんとそういう話してたから、いや僕ねぇ、やろうと思ってるんですよって言ったら、その人は地元の土地持ちやって、わし、コネあるから場所探したるわって」

山下「話が転がってきたねぇ」

加地「ほんですぐ物件持ってこられて、もうこれはやるしかないなぁってなってきて（笑）」

山下「それはもう、やれや（笑）」

加地「最終的に、持ってこられた物件が、路面やないけど、これ、場所の割に安いんちゃう？　ってなって。そこでとりあえず、お茶濁してみるかって決めてん」

山下「濁すな濁すな。尾藤くんは本気や（笑）」

加地「まぁ、でもいざやると、その雑居ビルの三階の物件では、いいもん揃えたからっていって、淡々と売れへんわって、一瞬でわかってん。で、これ、来る人全員としゃべらなあかん、友達にならなやっていけへんって、肌感覚で思ってん」

山下「それ、やってみてどうやったん？」

加地「いや、ビーバーと真逆のやり方って、間違ってないなと思ったよ。これって、最強やなって。でも、お客さんひとりひとりと知り合うって、ある程度はできるけど、許容量を超えると問題めっちゃ出てくるねん。いろんな人がいろんな問題を抱えて、聞いてほしくてやってくるし」

山下「いわばカウンセリングみたいになってくるんやな」

加地「そんとき、インポになりかけた（笑）」

山下「体張ってたね（笑）」

加地「まぁ、最終的にそういうこととは関係なく、ビルが取り壊しになるから出なあかんようになってん」

店やめたいとか思う？

山下「じゃあ、立ち退き問題がなかったら、そこでずっとやってたと思う？」

加地「やってないね（笑）」

山下「即答やん（笑）」

加地「そのときに二人体制の限界も感じてたし。やり方とか、相手の領域の尊重とか。まぁ、いうたらバンドの解散みたいな感じで」

山下「じゃ、今の場所のお客さんとはしゃべらへんの？」

加地「うん、しゃべらへん」

山下「でも、前の場所のお客さんも来るやろ？」

加地「いや、前の店に来てた人は今、ほとんど来てへんで」

山下「えー！　それすごない？　前の店と今の店、二、三軒しか離れてへんのに。人の流れってそんなに変わるん？」

加地「やっぱり佇まいとかかな。客は全員、入れ替わった。なんかさ、コックピットに乗りこんで、ガンダムを自分で操縦してるみたいな感じにまったくなれへんねん。半ば動かされてるガンダムに乗ってる感じ。なんでこんなことになってんのかなぁって（笑）」
山下「それは、レコード祭り（100000t の他、京都の中古レコード店による神出鬼没のレコードマーケット）とか？」
加地「いや、全部。店やってから自分で回せるハンドルの領域がどんどん減っていってる気がする」
山下「店やめたいとか思う？」
加地「思うねぇ〜。もう面白い、面白くないの軸じゃなくて、ファーマーの感覚やね」
山下「ファーマー？　あ、農夫ね（笑）」
加地「うん、ファーマーは自分の仕事を問わない。問うファーマーもいるかもしらんけど（笑）。淡々としんどいっていう感覚。問うとさ、そうじゃないかも？　っていう項目が出てくるやん。もうファーマーに埋没して問わないのであれば、それはそれでいいと思うねん。ほんで結構、そういう人生の人って圧倒的に大多数ちゃうかなって思う。これが嫌だからこうしたいとか、もっとよくなりたいとか、逆に特殊なんじゃないかって。二つの道が目の前にあって、どっちかを選べるっていう状況自体がマイナーなケースちゃう？　主体的な感じって、やっぱり特殊な状況があったからこそで、今は圧倒的にファーマーが多いんじゃない？（笑）」

山下「自営業は初期設定の自由さはあるけど、俺も今は、目の前のことを片づけることで手一杯やね。まぁ、それが例えばルーティンワークでもなんでも、やることがあるという状態は考えてみたら幸せなことやと思うけど」

加地「おお、ファーマーやん（笑）！　でも、経済成長とファーマーとして生きることって、相性悪いねん。なんか、テトリスの最後の上のほうの忙しいのをずっとやってる感じ（笑）」

山下「それって、気ぃ抜いたら、すぐゲームオーバーやん（笑）。でも、累積ってそういうことやもんな。店始めて、一、二年目じゃそういうふうに思うことなんてあんまりないもんな」

加地は、正直です。正直に話せないことに関しては最初から話さないという感じがあるように思います。彼は今、農夫の心境で毎日を過ごしているとのことですが、その感じ、僕はすごくよくわかります。自分の居場所を守り続けるということは、たやすいことではありません。

最初はどんなに希望を持って始めても、しんどいことやつらい時期というのは、続ければ続けるほど、それに直面する確率も当然、上がってきます。

そういうときにどう対処するか？　はたして対処できるのか？　対処したとしてその後の精神的負荷にも耐えられるのか？　状況の揺り戻しは、不規則にそして大小織り交ぜてやってきます。

そこまで行き着いたとき、人間は農夫としての覚悟を選ぶのかもしれません。〈予想できる不安〉より、〈目の前のやるべきこと〉。

それは一種、感覚をマヒさせた現実逃避ですが、言い換えれば、心の処世術であり、自身が少しだけタフになった証《あかし》ではないでしょうか。

最終的にその人自身がどれだけタフになれるか？　それが一番重要なのかもしれません。結局、何をやっても〈続ける〉という選択肢を選べば、しんどい局面はやってくるものです。だとしたら、最終的にはそこが問われてくるところです。

加地がホホホ座の仲間として心強いのは、タフの源《みなもと》と思われる、彼のいい加減な肯定力です。

何か新しいアイデアを思いついたとき、それを話すと、いつも「それ、ええやん」と賛同してくれます。もちろん、提案するまでに熟考はしますが、たとえ思いつきで言ったことでも簡単に否定してくることは稀《まれ》です。

彼のお墨付きの「ええやん」が欲しくて、僕たちはアイデアを投げます。そして、それを受けた彼はまたそのアイデアを後押しする賛同を返しながら面白がってくれます。その繰り返しで僕たちは今日も調子に乗るのです。

第4章　ホホホ座のやり口

コラ、調子に乗れ

アイデアが次々に生まれるとき、聞き手の反応は本当に重要です。好意的な反応が返ってきたら、人間は調子に乗るものです。アイデアはその調子に助けられることがたくさんあります。また、交わす言葉そのものに反応して、アイデアを思いつくこともあります。

リラックスから生まれる調子に乗ったアイデアが、話に輪をかけていく増幅の性質のものだとすれば、相手が吐いた言葉や目に入ったものにインスピレーションを得て生まれるアイデアはそれまでの流れをがらっと変えるような転換の性質のものだと思います。

しかしこれは、アイデア以前に会話そのものの構造だと思うのです。

気の合う友人同士の会話は、お互いが相手を信頼し、尊重しあっているので調子と集中が生まれやすい関係といえるでしょう。しかし、これが初対面の人はもちろん、目上の人や気が合わない相手の場合、反応こそ生まれることはあるかもしれませんが、調子が生まれることは稀です。

こういう場合、自分の奮闘ぶりも関わってきますが、立場の有利な側が相手の調子を引き出してあげることがよいアイデアの生まれる情景なのではないかと思います。

これは、意見を言いやすい目上の人たちの器が問われるところです。遠慮している相手の言葉をいかに引き出すことができるか。

目立った反論をしてこないからといって、目上の人は気持ちよく自分語りをしてしまいがちです。そんなとき、目下の者はこう思っているかもしれません。

「あ〜あ、こっちの話を聞く気はないんだな」

対話をリードする側はいわば、その場の空気を作る側なので自分だけが気持ちいい一方通行の進め方では、目下の者は対話のふりをしているだけになってしまいます。

そういう構図は伝統であり、後輩は先輩の言うことは絶対なのだという昔からの考え方も礼儀として大事だと思うのですが、それはその先輩に対する尊敬ありきでないと、ただ先輩後輩ごっこをやっているだけなのではないでしょうか。それが常態化すると、陰口を叩かれる先輩のでき上がりです。

頭の回転も口の軽やかさも、対話相手とのシンパシーが大きく影響すると思います。

アイデアマンで知られる人も話している相手によっては、その力の十分の一も発揮できない場合があります。

「でも」「しかし」「違う」など否定の態度で話をする人との対話のとき、話し手のリズムはせき止められ、思考停止になったり、口が重くなったりします。そういう否定の態度を取るとき、相手は何かを警戒しているか、存在自体を好意的に見ていない可能性があります。存在を否定しないと自分の立場が保てないと判断している場合もあります。関係性が深い間柄のときはそれが優しさの場合もありますが。

逆に「いいね！」というSNSの常套句《じょうとうく》があります。この肯定の言葉は、先ほどの調子を引き出す効果のほかに、承認欲も満たしてくれます。

何歳になってもどんなに名声を得ても、人は誰かに認めてもらいたいものらしいです。僕の周りの尊敬する目上の方や著名な方は、そんな人間臭い部分をずっと持っています。だからこそ成功できたともいえるでしょう。

無欲で仙人気取りのような人だったら、世間からの共感を得られるような仕事は残せなかったかもしれません。それが作品だった場合、葛藤や失望が燃料になることが多いようです。

私たちは何かを話すとき、常に自己弁護の言葉で話しています。自己肯定があって初めて社会生活が送れるのだとしたら、これは当然の行動かもしれませんが、それを意識して話すのと、ただ立場を保つために話すのでは大きな違いがあるのではないでしょうか。

この本も最初から最後まで、自己弁護に終始しているだけという可能性は否《いな》めません。

調子に乗るということが誰かに対するアピールではなく、自分の思考の潤滑油として作用したら、どんなにいいアイデアをものにできるでしょうか。

と言いながら、調子に乗っている僕です。

その感傷、誰の？

山下賢二

また町の本屋が……。

このあとに続く言葉は何でしょうか？　正解率八五パーセントのこの問題。主語と述語がワンセットの単語になってしまったかのようです。

今日も誰かがＳＮＳでつぶやきます。僕の思い出のあの本屋、映画館、ＣＤ屋がなくなる、寂しいと綴ります。自身の思い出語りとして感傷的にそのラストデーが取り上げられます。

しばらく行ってなかったけど、最後なので何年振りかに来た。懐かしい。無くなってしまうなんて悲しい。

いつまでもあると思うな、店と親。

店が無くなる一番多くの理由は、売上不振です。いつの間にか街の書き割りになってしまったそのお店。最後という付加価値がついて初めて、「あっ、そういえば」と振り向いてもらえました。

惰性の仕事を続けていた店が悪いのか、新しいコンテンツに心移りしてしまった客が悪いのか、どちらにせよくるべくしてラストデーはやってきたのです。

その最後の日の惜別《せきべつ》に満ちたものすごい売上を見て、店主は思うかもしれません。いつもこれぐらいの売上があったらこんな日は迎えずにすんだのになぁ。

当事者と利用者のそれぞれの〈ご都合〉。このシチュエーションを僕はどちらも経験しました。

オープン日と同じ二月十三日の金曜日にガケ書房としての営業を終えるとツイッターで発表したとき、これまでの最高のリツイートと「いいね！」がつき、思い出コメントがたくさん投稿されました。ああ、ありがたいなぁと思いましたが、自分では感傷的にはなりませんでした。

それは自分のお別れパーティで、周囲に先に酔っぱらわれたような感情だったのかもしれないし、今更、悲しまれても……という複雑な感情だったのかもしれません。正直、もうやめたかったというのが大きいですが、何か得体の知れない意地みたいなものがありました。

一方的に悲しまれてたまるか。さんざん悩んで苦しんで、現実と向き合った結果の答えなのだ。一番残念に思っているのは、俺や。

一つの特徴として感じたのは、SNSにガケ書房の思い出を投稿していた人の多くは、本当によく店に来ていた人ではなく、一度も来たことのない人や一回しか来たことのない人たちのようでした。

もちろんその投稿は嬉しかったのですが、僕の立場としては、そこに寄り添うことはしませんでした。投稿している人たちの気持ちは本当の気持ちだと思ったし、やってよかったと思いました。しかし、当事者と利用者の〈ご都合〉は違うなと感じたのです。

一方、先日、ある単館系映画館がひとまずその場所での営業を終えました。そのアナウンスがされたとき、やはりSNSはにぎわい、たくさんの思い出コメントが居並びました。

最終月には、特別プログラムが目白押しで個人的にも観に行きたい映画がありました。僕は仕事の関係上、その映画館に月一回、出入りしていました。しかし、そこで映画を観るのは年に一回、もしくは数回でした。

好みのプログラムとのタイミング、時間的制約、おこづかいの有無などであまり行けなかったというのは、言い訳にすぎません。要するに、そこで映画を観ることが優先順位として低かったんだと思います。本当に行く気があれば、自分でなんとか優先順位を上げたはずなのです。ましてや僕なんて、月一回そこに出向く時間は作っていたのですから。

なので、僕は最後の特別プログラムの映画を観に行ったのですが、顔見知りのスタッフの皆さんに悲しい顔などとてもできませんでした。

今までお世話になりました、ありがとうございましたと告げましたが、申し訳ない気持ちもありました。自分のせいでこの場所が無くなるのではないと思いながらも、どこかでその張本人の一人なのだろうと思ったのです。

娯楽の場が町からどんどん無くなっています。その犯人は、インターネットではありません。主犯は、そこに行かなくなった、または一度も行かなかった人たちです。無くなると決まってから嘆いても手遅れです。最終日に一斉に駆けつけるのは、目撃者としての意識がそこに足を運ばせているだけです。〈最後だから〉優先順位を一番上にあげたにすぎないのです。

この感情は、ひねくれ者の矜持《きょうじ》なのでしょうか？　僕は当事者のご都合をやっぱり知っています。利用者のご都合的感傷には流されることなく、その思いのみを受け止めようと思います。犯人の一人として。

屋号遊び

松本伸哉

「領収書をお願いします、ホホホ座で」

「えっ⁉　ほほ、何ですか？」

「ほ・ほ・ほ・ざ、です！」

ちょっと恥ずかしい瞬間です。


念願かなって自分の店を持つとき、屋号に思いを込めるのは、当然のことです。ただ、お店は、多くのお客さんにとって日常の通過点でしかありません。店主が屋号に込めたその「思い」や「意味」が、お客さんに伝わっていようがいまいが、売上を左右する要素にはならないのです。

また、実際に起きる現象として、ネーミングに気合いを入れすぎたために、後になってから恥ずかしくなることも少なくありません。

僕自身、MENSOUL《メンソウル》（男の魂）や、コトバヨネットといった、過剰な言葉遊びをしてしまったがために、後々苦い思いをしました。

さらに、屋号の字面や語感には、その時代の、はやりすたりがあります。

二〇〇六年に公開された映画『かもめ食堂』以降、飲食店や雑貨店の屋号に「鳥の名前」や「〇〇食堂」を付けるブームが、ひそかに起こりました。バブル期から九〇年代にかけての、英語やフランス語を使った、意味がよくわからない、雰囲気勝負の横文字屋号ブームへの反動として、ひらがなやカタカナを用いた、シンプルな日本語屋号への傾倒は、確実に存在します。

ブームに消費されない屋号を考えるのは、なかなか難しいことなのかもしれません。

つまり、何が言いたいかというと、「意味」や「思い」というものは、続けていれば、自ずと伝わるものなので、屋号なんてものは、本来どうでもいいのです。

全国どこにでもある「田中屋」のような店名でも、ワン&オンリーの「田中屋」を作ることは、店主次第で可能です。

「えっ？」と、問い直されると恥ずかしいのですが、思いつきにしては、よくできた屋号だなと、今は思っています。

松本伸哉

「味」なデザインの味付け

僕と早川が、何かしらのデザイン、特に印刷物を作る場合、一番参考にするのは、五〜七〇年代の本や雑誌です。もちろん、この時代は、コンピューターを使った紙面づくりの技術はないので、紙面の写真やら文字やらの構成をする「組版」と呼ばれる作業は、人の手で行われていました。

手作業で組版をする場合、作業は、グラフィック・ソフトのように自由自在というわけにはいかず、物理的な制約があります。また、枠線なども手書きですので、一本の線がミクロン単位で太さが変わっていたり、かすれたり、止めの部分がはみ出したりしています。

何人もの人が関わり、長い時間をかけ創意工夫を重ねた表現には、独特の「味」が出ます。

その「味」にグッとくるのです。

紙面をなめ回すように見て、「ホラ、ここの、ちょっとズレているのがいいんだよなあ」という、変態的な感性をいかにデザインに取り入れるか？　これが、ホホホ座では、大変重要なことなのです。

その具体例を『わたしがカフェをはじめた日。』を参照してあげてみましょう。

この本のノンブル（ページ番号）は、微妙に位置をズラして打たれています（一つだけ、人文字になっているものもあります。お手元にあれば、ぜひ確認してみてください）。

その他、

・写真を解像度の低いデジカメで撮る
・写真を並べるときは、きっちり揃えない
・イラストをコピーや拡大して劣化させる
・枠線を手で引く

などがあります。

装丁、ページのレイアウトは、『暮しの手帖』を、仕様のイメージは、福音館書店の絵本を引用しています（二〇一五年に刊行した小学館版は、若干仕様が変更されています）。もちろん、『暮しの手帖』をモロに再現したいわけではなく、「そう言われれば」という程度にとどめないといけません。ズレやかすれなどの加工も、同じです。とにかく、あからさまに「やってまっせ」感が出るとダメなのです。

唐突ですが、僕はヒップホップと呼ばれるジャンルの音楽が大好きです。ヒップホップは、（例外もありますが）ドラム、ギター、ホーンなど、さまざまな音の要素を、過去にリリースされたレコードから抜き取り、組み合わせて曲を作る、「サンプリング」を大々的に取り入れることによって、爆発的に発展しました。

あらゆる表現は、過去に存在したものに対して、反発であれ、同調であれ、必ず影響を受けます。オマージュなのか？　パクリなのか？　という論争もあるでしょう。ヒップホップは、そのような議論を超えた、はるか彼方の地平から、強烈なメッセージ性を携えた新しい音楽を響かせ、「サンプリングの美学」ともいうべき、一つのアートフォームを完成させました。

「リズム隊の音が大きすぎる」とか「フレーズが不自然に切れている」など、これまでの音楽的法則を無視した前衛さがありながら、曲を構成する音の素材は、古典的でもあるのです。

　僕らのデザインも同じです。

　やっていることは、過去にリリースされた本や印刷物を見ながら、「こういうデザインはよくあるからやめよう」「この部分のデザインがいいから取り入れよう」など、さまざまな要素を抜き出し、せめぎ合わせているだけ。ともいえます。

　デザイン的要素をサンプリングして組み合わせることは、そんなに難しくはありません。ただ、いくら「見た目」だけのものであっても、裏付けや背景というものは、見る人が見れば、必ず伝わってしまうものなので、いい加減に考えていると、底の浅い、ペラペラな感じが透けて見えてしまいます。繰り返しになりますが、デザインを模倣しただけの、「やってまっせ」感を、ストレートに感じさせてしまうことは、絶対に避けないといけません。

　サンプリング・ミュージックとしてのヒップホップが、その手法において、大きな批判を受けなかったのは、ブルースやジャズと同じように、黒人音楽の精神性をちゃんと引き継いでいたからだと思います。

　精神性というと、ずいぶん大げさな感じもしますが、「好きなもの」が自分の血肉として体内にしみこんでいたら、その精神性は、容易に引き継がれていきます。思いつきの模倣は必ず廃《すた》れます。

その次に、自分の「好きなもの」が、世の中で、どこに位置しているかを考えます。

ホホホ座誕生前夜、僕と山下が、あるイベント会場の打ち上げで、店でも本でも何でも、女性的で、やさしい雰囲気のものばかり増えているのが気に入らない、もっと僕らの好きな、ギラギラした男の世界を作ろうではないか、それは何だ？　今、失われつつある、男の美学……エロ本だー！

そんなエピソードがあります。

すっかり酔いがさめた翌日には「それはないやろ」となっていたのですが、おっさんの美学を世間に押し付けることがどれほど危険なことか。このエピソードはわかりやすく伝えています。

商品、媒体の中でデザインを機能させるには、ただ「好き」というだけの、ひとりよがりなものになってはいけないのです。

第5章

親戚紹介

松本伸哉

初めての親戚
〜ホホホ座尾道店コウガメの場合〜

ここまでに紹介した、加地と早川、この本を書いている、山下と僕（松本）が、ホホホ座の正規メンバーとして登録されています。

正規メンバーというものの、四人で集まったことは、ひょっとしたら、一度ぐらいしかなかったかもしれません。

同じ建物内で仕事をしている、僕と山下でさえ、三日くらい一言も言葉を交わさないこともあります。加地と僕に至っては、平均すると、一年に二、三回くらいしか、会っていないでしょう。

この事実に、ほとんどの人が驚愕《きょうがく》します。

ホホホ座って、いったい何？

そして、さらに事態を複雑にする出来事が、ホホホ座浄土寺店の開店直後に起こります。

「歴史の陰に女あり」

ホホホ座でも、物事が大きく動くポイントには、女性が大きく関与しています。『わたしがカフェをはじめた日。』を本として形にした早川。そして、次に登場するのが、ホホホ座を広島県尾道市で始めた、かめちゃんこと髙亀理子《こうがめまさこ》です。

店を続けるのはしんどいな。と思いながらも、なかなかやめることができないのは、編集やデザインなどの仕事をする際、身近に「本」という情報源が山ほどあり、ただで読めるからです。これは、かなり大きなメリットです。

実際、この原稿も、お店のレジカウンターで書いています。僕は、幼児並みの集中力しかないので、原稿が進まないとき、手元にある本を開くと、ほどよく刺激を受け、さあ、やるぞ。という気分になります。

もう一点、編集、デザインの仕事を含め、さまざまな企画の話は、お客さんとの雑談から発生する場合が予想以上に多いのです。「お店」である状態、常時フルオープンでいることは、可能性と選択肢の幅を広げます。

かめちゃんとも、最初は、客と店員の関係で始まりました。色白のコロッとした体型をした、素直で明るい、見ているだけで幸せになるようなタイプの女子です。

そんな彼女から、「地元に帰り、お店をやりたい」と、相談を受けたのは、二〇一四年の年明け間もない頃だったと思います。

「お店をやりたい」

よくある、女子のいたいいけなドリームですが、無下《むげ》に否定するつもりはありません。実際にオープンできるかどうかは別として、希望のある、前向きな相談事は、気分が明るくなるからです。

かめちゃんの実家は、広島県福山市にあり、地元では有名な、紅茶と洋菓子のお店を営んでいます。最初は、そのお店を手伝いながら。と、亀らしい、のんびりしたことを言っていたので、こちらも力を抜いて対応をしていたのですが、その実家に隣接した、使っていない祖父宅をお店にするプランが立ち上がり、次第に相談の熱量も上がり始めます。

そして、桜の咲く頃、僕は福山駅に降り立っていました。

かめちゃんと一緒に出迎えてくれた、洋菓子店のオーナーでもあるお母さん。その天真爛漫《てんしんらんまん》なキャラクターを目の当たりにした際、僕は、いつの間にか、髙亀家のペースに完全に取り込まれていることに気づいたのです。

無邪気な天真爛漫さには、人を巻き込むパワーがあります。あれよあれよという間に、福山市内の観光スポット、市場調査も兼ねたお店めぐりに丸一日駆り出され、夜は髙亀家の手料理をご馳走になりました。

驚いたのは、一日ずっと一緒にいたかめちゃんのお母さんから、一度も否定的な意見を聞かなかったことです。お母さんは、僕なんかよりも商売に関しては先輩で、実績もあります。可愛い娘であるからこそ、商売は、そんな甘いもんではないよ。と、小言の一つでも飛び出すかと思いきや、それらしい発言を聞くことは、最後までありませんでした。

お店をオープンする際、最初に思い描いた理想は、立ちふさがる現実に必ず阻《はば》まれます。思い通りに物事が進まないとき、人は、どうしても否定的な感情に支配されてしまうので、動きも緩慢になり、余計なこともしがちです。テナントを賃貸で借りている場合、悩んでいる時間も、チャリンチャリンと料金が発生していますので、「なんとかなる」「まあえぇやろ」と思える、肯定力が重要になってきます。実際には、なんとかなっていなくても、おおらかな肯定力をもって、状況に推進力を与えれば、最終的になんとなく辻褄《つじつま》が合ってくるものです。

商いの先輩でもあり、おおらかな肯定力のある家族がいることは、彼女にとって非常にラッキーでした。ほっておいても店ができる環境です。僕は、安心すると同時に、アドバイザー的立場として呼ばれたものの、これは、ほとんど何もすることがないぞ。と、途中で気づき、後半は、「ちょっと鞆《とも》の浦に連れてって」などと、完全に観光客と化していました。

唯一の大きなトラブルは、予定をしていた祖父宅が、のっぴきならぬ事情で使えなくなってしまったことです。元々、この場所ありきで進んでいた話であり、さすがのかめちゃんもこの世の終わりがきたような、激しい落ち込みようでしたが、それも束の間、隣の尾道市にある、魅惑の廃墟型木造建築「三軒家アパートメント」にたどり着き、すんなりと入居が決まったのです。

オープン予定は、二〇一五年の四月に決まりました。ホホホ座浄土寺店がオープンする時期と同じです。

そして、僕にとって、唯一まかされた重大任務が回ってきました。屋号の命名についてです。やっと俺の出番が、と張り切って考えてみましたが、何も思いつきません。苦しまぎれに出した案が、「髙亀（コウガメ）でええんちゃう」という、何のひねりもない、直球すぎる屋号でした。

先輩の顔を立てて「わかりました」と納得はしてくれましたが、どうも腑《ふ》に落ちてなさそうな感じです。そこで、「いっそのことホホホ座にするか」と、冗談のつもりで言ったところ、「えっ！　ホホホ座使っていいんですか！」と、予想外の反応が帰ってきました。

「ええよ」

この瞬間、京都と尾道、ほぼ同時にホホホ座のお店が誕生することになったのです。尾道のホホホ座は、最終的には、「ホホホ座尾道店コウガメ」となり、さすがにちょっとややこしいので、京都は「ホホホ座浄土寺本店」にして、予定通り、浄土寺本店は四月一日、尾道店は、四月十五日に無事オープンしました。

この段階では、何の思惑もない、完全な思いつきです。知人とはいえ、経営的にはまったく別のホホホ座が二店舗ある。この状況の不可解さについて、深く考えることはありませんでした。ちょっと面白いかも。とは思っていましたが。

ここで、一旦状況を整理しておきます。

確かに、尾道店は、僕の息がふわっとかかっていますので、系列店的なニュアンスはあります。ですが、尾道店は、かめちゃんがオーナーですので、支店でもフランチャイズでもありません。店名を共有しているだけで、まったく別の店です（そのことに気づいて、すぐに「本店」という表記をやめ、「浄土寺店」になりました）。僕が知るかぎり、そのような形態を取っている、お店の繫がりは、他にありません。

店名を共有する。という意味では、例えば、田中さんがやっている「田中屋」は、全国いたる所にあります。しかし、「ホホホ座」などという、すっとんきょうな屋号が、何の脈絡もなしに多発することはありえないでしょう。強いていえば、関西を中心に展開をしている「力餅食堂」は、名前とマークを共有しているだけなので、やや似ているかもしれません。しかし、正式には、一定期間修業したのちに与えられる、「のれん分け」ですので、実情はまったく違います。

尾道店は、ホホホ座メンバーの関係性をスライドして、実店舗化した存在ともいえます。必要であれば、一緒に何かをするし、必要でなければ、会うことすらありません。友達かといわれれば、そうでもないような気もしますし、割り切ったビジネスパートナーでもありません。山下が、その関係を「親戚」と表現していましたが、親子でも兄弟でもない「親戚」は、今のところ、しっくりくる気がします。

ホホホ座メンバー同士の関係性も、尾道店の存在も、僕らの中では、ごく普通のことですので、あえて説明をすることは、ほぼありません。あくまで、個人的な人間関係がベースにあるので、わかりやすい一般論として語りにくい部分があるのです。

しかし、思いつきの発想に明らかな実態が加わると、「なんとなく」みたいな、スカした対応を続けることにも限界が出てきます。僕らはアーティストでも何でもない、一個人事業主ですので、スカした態度を取っても、メリットはありません。

ホホホ座メンバー間のことは、「ユニット」など、何とでもいえる表現がありますので、かろうじてお茶を濁すことができますが、尾道店については、はっきりと、そこに実在するお店ゆえ、支店でもフランチャイズでもないなら何なんだ？　と思われるのは、当然のことです。

いつものように、レジカウンター越しの無駄話を続けながら、その説明方法を探していくうちに、ホホホ座を襲名するお店、団体がどんどん増えていったのです。

ホホホ座尾道店コウガメ

部屋ホホホ座
ホホホ座西田辺
今治ホホホ座
（本）ぽんぽんぽん ホホホ座交野店
ホホホ座三条大橋店
ホホホ座金沢
ホホホ座珈琲大野
ホホホ・ザ・わいわい
ホホホ座ねどこ

追記

尾道店は、二〇一八年四月三十日に閉店しました。というのも、かめちゃん、めでたくお嫁に行き、旦那さんの仕事の都合で岡山に住むことになったからです。

ただし、「ホホホ座尾道店コウガメ」の屋号は、そのまま残し、尾道にも拠点を置きながら、イベントへの出店、お菓子の卸販売、ライブの企画など、相変わらず精力的に活動を続けています。

サブカルチャーをほおばって
～（本）ぽんぽんぽん ホホホ座交野店の場合～

山下賢二

ホホホ座尾道店が思いつきで始まったことにより、僕たちのタガも外れていきました。人づてに「あいつらタガが外れたぞ」と噂が流布していったのか、知り合いもホホホ座を名乗りたいと言い始めたのです。

そのお店はすでに古本屋として何年か営業しており、僕がガケ書房のときに古本棚を貸していた店舗の一つでした。「ニッチでセンチな古本屋」をキャッチフレーズにサブカル街道ど真ん中を子連れでひた歩く夫婦。場所は大阪府の極東、交野《かたの》市。その名も「（本）ぽんぽんぽん」という店でした。彼らのラインナップは、レトロを中心に構成されており、絵にかいたようなサブカルチャー古書店です。

というのも、店主である村上豪《ごう》さんの歩いてきた道のりがそうさせるのかもしれません。彼は、いわゆるサブカルエリートのような経歴の持ち主で、某有名どころサブカル書店をいくつも渡り歩いた後、ぽんぽんぽんを立ち上げました。

彼からホホホ座を名乗りたいと連絡があったとき、最初は半信半疑でした。もうすでに活動している屋号にホホホ座をかぶせるというのです。その理由をきくと、「何かと信用に繋がるからです」と村上さんは言いました。

例えば、新しい商品を仕入れるとき、ホホホ座の名前がついていると、応対がスムーズにいきやすくなるというのです。

そんな馬鹿な！　本当でしょうか？　たぶん、大幅な勘違いだと思いますが、村上さんはそれを信じて疑いません。

しかし彼の熱意に押され、僕たちは認可することにしました。

ホホホ座を名乗りだしてから、お店にも遊びに行きましたが、改名以前と内容がそこまで変わったという感じはありません。

サブカルの道から外れられない……。これは性《さが》でしょうか。どうしても妖《あや》しさがにじみ出ちゃいます。

繁盛店にしたい、女性にも喜ばれる店にしたいと村上さんは言います。しかし、交野という地域では特に違和感出しまくりの異物感がだだ漏れです。

煮ても焼いても食えないこのサブカルチャーとはいったい何でしょうか？　一言で

いえば、雑学です。それも役に立たない雑学。趣味の延長。

（本）ぽんぽんぽん ホホホ座交野店のサブカルチャーの定義は、今、過渡期にあります。大きいキーワードからパーソナルなキーワードへ。定番から提案へ。

交野市という限られた地域の実験と挑戦。場所が荒涼であればあるほど、やりがいはあるものですが、そのためには皆さんの興味と投票がいります。投票とは、そこで買い物をするという行為です。僕は、買い物は投票だと考えています。本屋が町に一軒もないというのは、一つの投票の結果だと思います。その店が成り立つには、売上が必要です。売上は、その場所の維持費です。

例えば本屋のような、現代ではあってもなくてもよいと言われてしまいそうな場所というのは、そういう存在だからこそ町のオアシスになりうるのではないかと思います。老若男女問わず子どもからお年寄りまで、お金を持っていなくても入れる〈公園〉のような気安い場所。そういう場所がなくなっていくと、窮屈で退屈な、どこに入るのもお金が必要な町になっていきます。

本屋は文化の公園です。誰でも入れます。その文化の公園を管理しているのは、その店の店主です。店主は公園の管理費を利用者から商品を買ってもらうことでまかなっているのです。自分の町の本屋で本を買うことは、一つの意思表示です。

「本なんて読まないから別に本屋が無くなったっていい」ということは、その場では簡単に言い放てるセリフです。しかし、それは効率主義のつまらない町への転換動機の一つになるような気がしています。

町に住んでいるのは、人間です。人間の意思や行動が町を作っていると言っても過言ではありません。最終的にどういう町が面白いかを考えていくと、僕は余白のある町が住みよいと思います。

実は、交野店は一度、実際に店の行く末を賭けたイベントを行っています。期間を設けて、その期間内に目標売上まで届かなかった場合、店を閉めると言い切りました。僕らも把握していないところでいつの間にか始まっていた捨て身のイベントでした。が、彼らは見事、売上を達成し、今も営業を続けています。

彼らがこの先、食えないサブカルチャーとどう折り合いをつけていくのかは、ある意味ではとても興味深い実験です。

これは、付加価値というものを考えることでもあり、パブリックイメージというものを考えることでもあります。

町の本屋の存続以前の小さな問題ですが、余白という部分では通底している〈価値の多様性の伝え方を考える〉大きな問題です。

山下賢二

観光地でホホホ座をやってみた
～ホホホ座三条大橋店の場合～

京都での二店舗目、ホホホ座三条大橋店はいまやホホホ座の入口のような存在です。観光地のど真ん中に位置するその立地は、アクセスが良いことはもちろん、地元カップルが集う鴨川や、外国人観光客が遊ぶ繁華街の木屋町、芸妓《げいこ》が通う京都らしい歌舞練場などが周囲にあり、派手な歓楽街とはんなり情緒が合わさった特殊な環境にあります。普通の個人店では到底、出店不可能だったかもしれない場所に地元ならではの裏技ででき上がった偶然のような店舗です。この店のフィクサーは加地。彼の人間性がオーナーさんの心を溶かしてしまったのです。店を切り盛りしているのは、元喫茶ジジのますみちゃん。

彼女の作るバターチキンカレーと、miepump coffee 焙煎のコーヒーは、お世辞抜きで絶品です。店内は、町家を改造したようなシックな佇まい。そこに、新刊、古本、雑貨が並び、飲食スペースも用意されています。

僕は、ここが何屋かと聞かれたら、いつも「観光に疲れた人たちのための休憩所」と説明しています。観光地ど真ん中にあるオアシス。観光スケジュールが一瞬、ストップするようなこの店の空気を作っているますみちゃんにどんな感じか聞いてみましょう。

「立地的にいろんな人が来ますが、お客さんはどちらかというと本目当ての三十代の男性が多いです。何の店かわかってなくて入ってくる人がほとんどですけど。

本を選ぶ基準は、私の置きたい本は一〇冊もなくて、基本的には世の中の流れとこれまでにここでお客さんが買っていった傾向で決めてます。自分発信で選んだものだけでは、店として面白くないなぁと思うので、山下さんが持ってくる本も、加地さんが持ってくる本も楽しみです。雑貨は売れるものより、この店にあったら面白いかもと思えるものを仕入れています。

この店は、席数も少ないし、本屋の中に喫茶コーナーがあるというふうに認識してもらいたいと思っています。ホホホ座の名に恥じないようにやっていきます（笑）」

加地はこの好立地な場所をどうやってゲットしたのだろうか？

「きっかけは、ライターの杉本恭子さんのインタビューとかしてて、あの場所は瑞泉寺の持ち物。杉本さんはお坊さんのインタビューやねん。杉本さんはお坊さんのインタビューとかしてて、あの場所は瑞泉寺の持ち物。あそこには、長い間住んでた家族がいてんけど、親が亡くなったあと、息子さんがたこ焼き屋やったりしててん。で、それもやめはって、しばらく空き家やってん。

　あそこ、立地がいいから、いろんな話がめっちゃきてたらしいねんか。だから、誰かに入ってもらうのってめっちゃ簡単やねんけど、それじゃちょっとっていうのがあったみたい。自分が育った町がどんどん荒れていってるから、ちょっと文化的なことやオモロいことしてくれる人を探してたんて。最初は、瑞泉寺の中川さんはミシマ社に話したらしいけど、タイミング悪かったんかあんまり乗り気じゃなかってんて（笑）。で、俺んとこにきてん。俺、場所がオモロかったら何でもやりたがるタイプやから、すぐやるって決めた。何しようかとかまったく考えてなかったけど。

　いざ、やるってなったときに立地的に飲食はつけたいなぁと。あと、自分とこで古本やってるからまぁ、本も置こかなと。あと、ホホホ座の例のシステムを思い出して、ホホホ座があの場所にあるのって面白いなって思ってんな。で、俺あれやん。ホホホ座のメンバーに入れられてたけど、実質なんもしてなかったやん（笑）。まぁ、それもあってホホホ座にしようと思ってん。名前も大きく出て、三条大橋店にしようと。

そういう経緯があるから家賃も安い（笑）。

自分の店とあの店は全然客層が違うから、もう古本持っていくときも業者のように出入りしてる感じやで」

ついでに加地と、店の陳列方法について少し話す。

山下「お客さんが感じてしまうその店のサブカル感ってさ、棚の空白をギチギチに埋めてしまう店主の性分やと思うねんな。例えば、このぎっちり詰まってる棚に、本を六冊だけこっちに表紙向けて、ポンポンポンと間隔あけて置いたりしたらセレクトショップな感じやんか」

加地「そうそう。俺もなるべく品数あったほうがいいと思ってる世代やから（笑）、ぎちぎちに置くんやけど、それで引くお客さんいるねん、最近。近寄りがたくなるんかな？　レコードとかさ、すごい頑張って枚数出したらさ、その分だけ売上いいと思うやん？　全然そんなことないで。それがもうどうしたらいいかわからんところやわ、今」

山下「え？　レコードっていわゆるサクサクやって、レコードを掘る〈ディグ〉っていう行為込みの楽しみとちゃうの？」

加地「いや〜。忙しくて全然売り場に出せてる枚数が少ないときとかあるねんけど、それはそれなりに買われていくねん（笑）。パンパンに出したときと売上変わらんねん」

山下「そうなんや！　物理的に見やすくなるからかなぁ。確かに昔ながらの古本屋とかさぁ、売ってるかどうかわからんような状態で通路に山盛り積まれてても、もうわざわざ地面ギリギリまで顔近づけてタイトル見たりしいひんもんな。俺はするけど（笑）」

加地「あと、そんなに時間割《さ》かれへんていうのはあるんちゃうかな。そんな品数に付き合ってられへんみたいな（笑）。お客にプレッシャーかけてしまうんかもしれんな」

加地は現場で感じる空気をいつも数字データではなく肌感覚で分析しています。人の流れというのは、〈ある日の観察〉と〈毎日の蓄積〉で意外と知ることができるような気が僕もしています。三条大橋店は、入れ替わりの激しい立地で幸運にもマイペースで今のところ今日も営業を続けています。

観光地にあるホホホ座というのは僕としても鼻が高い存在なので、こっちを本店扱いにしていこうかなと八〇パーセントくらい思っています。

物ではなく企画を楽しむホホホ座
～今治ホホホ座の場合～

松本伸哉

豊島吾一くんとの出会いは、愛媛県今治市で開催された「ハズミズム」という、音楽フェスへ、ゲスト出店者として招待されたことがきっかけでした。

祖父の死を機に、東京から故郷の今治に戻った吾一くんは、父親の立ち上げた、不登校の子どもたちを対象にした通信制教育施設で働きつつ、地道に音楽イベントを積み重ねながら、二〇一三年、第一回の「ハズミズム」を開催します。

「ハズミズム」は、はっきりと「親子で楽しめる音楽フェス」をテーマに掲げています。

とりわけ珍しいテーマではありませんが、音楽的なクオリティを維持しつつ、親子目線のホスピタリティを充実させることは、かなり大変です。

最初の「ハズミズム」は、開催も危ぶまれるほどの大雨。子どもにとっては、ハードすぎる条件です。ただ、トリで登場した二階堂和美さんが、屋根のあるステージにお客さんを招き入れ、ひとりひとりに語りかけるように歌っている様は、「参加して良かった」と、思わせるには、十分すぎるほどの幸せな光景でした。

実際、第一回の「ハズミズム」は、集客も予想の半数ほどで、大赤字だったそうです。しかし、吾一くん自身には、「失敗した」という気持ちはなく、二〇一七年まで毎年開催され、僕らも継続して参加していました。

そして、二〇一六年の年明け、吾一くんがホホホ座に遊びに来てくれた際、なんと「全国のホホホ座」の話が出て、その三カ月後には、今治ホホホ座がオープンします。

今治ホホホ座が誕生した場所自体が、元々、吾一くんが参加しているスティールパンバンドの練習場であったこと、瀬戸内海を挟んだ対岸にホホホ座尾道店がすでにあったこと。などの要因があるものの、なかなかの急展開ではありました。

展開が早かった理由として、もう一つ。今治ホホホ座が、モノを売る場所ではなく、イベントを開催するフリースペースであったことも挙げられます。大幅な改装をせず、家賃等の経費、開催する企画は、「ハズミズム」から引き継いだメンバー各自が持ち寄るという、コストパフォーマンスに優れたスペースとして運営されています。

しかし、この共同運営のような、ふわっとした設定で、場所を機能させることは、意外と難しいのです。「みんなで面白いことをやろう」状態は、最初の何回かは、はりきって頑張るのですが、後が続きません。責任の所在がはっきりせず、見合った対価を得ることができない上、それぞれの事情もありますので、仕方のないことでしょう。

しかし、今治ホホホ座は、志《こころざし》と実行性の両輪を回転させながら、コンスタントに企画を繰り出すことに成功しています。

二〇一七年には、今治市の助成を受け、「ART ACTION IMABARI」というイベントを行いました。音楽、アート、ワークショップなどと街中をかけあわせることで、街の見え方に変化を作る試みです。また、「ハズミズム」のノウハウを継承した「ぼくらの市民会館」という、今治市民会館（丹下健三建築）を会場とした音楽イベントも、恒例行事として運営しています。

今治ホホホ座が、コンスタントにイベントを開催できているのは、吾一くん、メンバーの個人的な趣味嗜好から出た「面白いこと」を純粋に続けている。ただそれだけなのだと思います。

その姿勢は「ハズミズム」から一貫しています。「親子で楽しめる音楽フェス」だからといって、子ども向けのブッキングをするのではなく、ヒップホップの鎮座《ちんざ》

DOPENESS、ファンクバンドのオーサカ＝モノレール等、一般的には、若干マニアックなアーティストも招聘《しょうへい》しています。

これは、子どもだからといって子どもっぽい音楽を聴くわけではない。という、ごく当たり前の事実を反映させているだけですが、主催メンバー各々が持っている音楽的造詣《ぞうけい》の深さがなければ、程よい加減のブッキングを実現することはできません。

確かに、「子ども」や「地域」をテーマに文化的な活動をすることは、公共性が求められます。しかし、その「公共性」って、いったいなんなのでしょう？

あたりさわりのない、ゆるキャラなどを投入したイベントを一〇〇回やったところで、状況は、何も変わりません。主催者側の「安心感」が担保されているだけです。

吾一くんや僕のような、一般的には、ちょっと変わった表現を嗜好している人間には、「安心感」がない。と、思うのであれば、それは、大きな間違いです。なぜなら、僕ら自身が、表現者であり、体験者だからです。別に、変なことをやって注目されたいわけではありません。そんなことは、さんざんやって、その都度、世間の冷ややかな目線に打ちのめされてきました。

ですので、ある表現が、どこで、どのように機能するのかは、誰よりも真剣に考えますし、よくわかっているつもりです。

店頭に立っている際、子どもが買ってほしいとねだった本を、親御さんが「それはちょっと難しいから、もう少し大きくなってからね」と、棚に戻す光景をたまに見ます。そのたびに、買ってあげればいいのに。と、思ってしまいます。

新刊でも古本でも、その本に「大きくなってから」出会うチャンスは、決して多くはありません。そもそも、本は、可能性を開拓するためにあるので、今この時点で、理解できるかどうかは、たいして重要ではないのです。

可能性しかない子どもが、直感で「面白そう」と思った本は、なるべく買ってあげるべきだと、僕は考えています。

文化も同じです。ライブやワークショップや展示は、その瞬間しかない、可能性の実験場です。すぐに結果に直結するようなことは、文化ではありません。続けているうちに、強い根が張って、広がっていくものです。

吾一くんは、開催する企画の基準について「面白ければオッケーです」と、何も考えていないような発言をしていましたが、そこには、「面白がれる」才能があるのだと思います。

それこそが、文化を創る原動力なのだと思います。

主婦とホホホ座
～ホホホ座西田辺の場合～

山下賢二

西田辺店は、住宅地に突然ポツンとある懐かしい駄菓子屋のような佇まいの店です。駄菓子は置いていませんが、絵本が多めのラインナップで、平日の午後を中心とした営業スタイル。のんびりとした空気が店内にずっと流れています。

店主の鈴木由佳《ゆか》さんとはイベントで知り合いました。当時、鈴木さんのご主人は「夏のあくび」という音楽イベントを定期的に開催しており、そのイベントに僕が顔を出したり、ガケ書房で開催してもらったりしていました。

毎年、律儀に年賀状をいただいていたのですが、ある年に〈結婚しました〉と写真付き年賀状が送りつけられてきました。その翌年には〈子どもが生まれました〉と送りつけられ、その次には〈また子どもが生まれました〉とどんどん年賀状写真の登場人物が増えていきました。

順調な家族やなと思っていたら、あるとき出店先で一緒になりました。そこで、今度、古本屋を始めようと思っているとご主人に打ち明けられたのです。

その日はたまたま、ホホホ座のいい加減な支店システムの話が新聞の朝刊で面白げに取り上げられた日だったのですが、鈴木さんもその記事を見たとのこと。なんとなく話の展開が読めてしまいそうな一日でした。案の定、鈴木さんのお店の名前は、ホホホ座になりました。ご主人は、「ほんとにホホホ座を名乗っていいんですね？」と念押ししていました。そんなに確認されると、こっちが不安になります。

そうこうしているうちにホホホ座西田辺はオープンし、ご主人は真っ当な職で生活を支え、奥さんが子育てしながら西田辺店を運営するという形で営業しています。

本は、古本がほとんどですが、新刊もチラホラ並んでいます。本屋の形式としては、新刊も古本もこだわりなく並べているようです。古本が多くなるのは新刊の仕入れリスクが高いのと、利益率が低いということがあるようです。

主婦業や子育てをしながら西田辺店をするということはどんな感じなのでしょうか？　鈴木さんに聞いてみます。

「結婚して西田辺に来て、子どもを育てる中で孤独な気持ちになることがあって、そんなときによく駅前にあった本屋に行ってたんです。でもその本屋がなくなってしまって、困ってしまいました。

古本は自分たちのイベントで売ったりしてたんですけど、四十歳になるのを機に実際に店としてやってみようと思い立ちました。

家のガレージを改築して、お店にしました。家賃はないのですが、毎月、家に決まった金額を入れるというルールでやっています。

新刊書店で働いていたことはあるんですけど、古本の修業はしていないです。最初の在庫も自分が持っていた本で始めました。周りからは、ようやったねって言われます（笑）。なんも知らんからこそ、この世界に思い切って飛び込めたっていう感じです。

この前、小学校三年のときの作文を見る機会があって読んでみたら、将来、本屋をやりたいと書いてたんです。すっかり自分でも忘れてたんですけど。

子どもは、五歳と〇歳がいます。ちょっと前までは抱っこしながら店に立っていました。四時間しか開けてないので、なんとか家のこともできていますけど、営業時間の午後一時から午後五時までというのは、一番、人が来ない時間帯なんですよね（笑）。子どもがもっと大きくなって部活とかに行き出したら、もっとできるなぁとか考えてます。最初は、店に立つこと自体に緊張してましたね。人としゃべれるかなぁとか。買い取りは週に一、二件あります。お客さんは、お子さん連れのお母さんが多いです。年配の方は「何の店かいな?」って覗《のぞ》いていく人が多いです。店名で何を売ってる店かわからないので「もっと、本を強調したほうがええで」ってアドバイスされます(笑)。

売れるのは、やっぱり絵本とそれから小説ですね。西田辺はレトロな感じの街並みなので、そこに住んでる人たちに喜んでもらえるような店にしていきたいです」

現在は、子育ての傍らというペースで助走営業している西田辺店。話を聞くと、彼女は長いスパンでこの店のことを考えているようです。子どもの成長に合わせたフレキシブルな営業スタイル。子どもの自立時間が増えれば増えるほど、西田辺店の営業時間も増えていくのでしょう。

話を聞くためにお店を訪れていたときも、保育園からお子さんが熱を出したので迎えに来てほしいという電話が入っていました。しかし彼女は店から保育園までの距離を完全に把握していて、慌てることなく落ち着いて対応していたのが印象的でした。

女性の自己実現の一つとして、お菓子屋さんや雑貨屋さん、洋服屋にカフェ、小料理屋など、自分のお店を持つという道があります。

西田辺店が特徴的なのは、お店をオープンする前に結婚、出産という女性の岐路にあたる大きな出来事を経験済みということがあると思います。結婚、出産を経て、パート主婦として社会復帰し、家計を支える女性はたくさんいますが、そのパート場所を自分で作って、子どもを育てながら、自分の収支で家計を支えるという形は考えてみれば、欲張りなほどの自己実現ではありませんか。自分のお店を持ってもいろいろな事情で結婚、出産を選ばなかったり、一介の主婦として暮らしながら、いつか自分の店を持てたらいいなと夢想する日々を過ごしている人はたくさんいるのではないでしょうか。

西田辺店は、鈴木さんの本屋への思いと、理解あるご主人の協力の元に成立しています。しかし、仕事場と家庭が同じ場所というのは、便利で経済的である分、逃げ場がない部分もあるので、鈴木夫婦はこれからも仲良く、臨機応変に過ごしていってくださいね。って、余計なお世話ですね。

主婦業と古書店の経営を両立させていくのには、時間的制限、金銭的制限、家庭的制限が立ちはだかっています。これらを鈴木夫妻がどのように解決していくかは、二人ののんきさと生真面目さのバランスにかかっているのだと思います。

松本伸哉

唯一シュッとしたホホホ座
〜ホホホ座金沢の場合〜

何の労力もかけることなく、いくつかのホホホ座襲名が行われ、その状況にこれといった疑問も感じていなかった僕らが、「これはいったいどういうことなのだろう?」と、我に返ったきっかけが、現ホホホ座金沢の、中林信晃《のぶあき》さんと安本須美枝《すみえ》さんから送られてきた、ホホホ座襲名依頼の便りでした。

中林さんと安本さんは、金沢でTONE Inc.というデザイン会社を経営しています。デザイン関係の賞を積極的に狙って、実績を積み重ねていくような、企業的なビジョンもしっかりした会社です。

僕らは、人としても組織としても、おそらく皆さんが考えている以上にいい加減で、今までのホホホ座襲名は、その場のノリとなりゆき。それしかありません。これは、ある程度お互いどのような人間であるかをわかっておかないと、まずい事態を招く可能性もあるのですが、中林さんと安本さん、TONE Inc. については、僕らも一切情報を持っておらず、完全な初対面。そのお二人が会社の店舗部門としてホホホ座をやりたい。とおっしゃるのです。

実は、この原稿を書く前に、事実関係を整理しておこうと、中林さんと安本さんにインタビューをしています。その際に、山下が書いた『ガケ書房の頃』を読んで、この話(ホホホ座襲名)を知ったという話を聞きました。

「えっ! そうだったの!?」

ひょっとしたらその話は最初に聞いたかもしれないが、完全に忘れています。山下にいたっては「そんなこと書いてたっけ?」などと言いだす始末。

この状況からも、僕らが、いかにぼんやりしているか? よくおわかりになると思います。

そんな僕らとは対照的に、中林さんと安本さんは、非常に「ちゃんとした人」という印象でした。

店舗予定地は TONE Inc. が所有する、金沢市内から少し離れた大野地区にある元鉄工所。大野地区は、醤油蔵が立ち並ぶ、風情ある地域で、僕ら好みの「わざわざ来てもらう」場所として、ポテンシャルの高さも十分。さらに、驚くべきは、その立地です。何と、真横が海（正確には運河）。窓から釣竿を伸ばせば海に届いてしまう距離に、ホホホ座金沢ができるのです。

加えて、デザインの仕事とは別に、オリジナル商品も開発、販売しており、それはなぜか「森ノ実ボーロ」というお菓子だったのですが、何にせよ、自分たちで作って売れる商品があるのは、大きな強みです。

恐るべきプレゼン能力の高さをまざまざと見せつけられ、ぼんやりおっさんこと、僕ら二人は、襲名を断る理由が見当たりません。

できるかぎりのリサーチをし、検討を重ね、提案する。ビジネスとして、当たり前のことが、僕らには決定的に欠けており、ノリとなりゆきで広がったホホホ座の展開が、もう一段階、新たなステージに達したことを感じました。

中林さんは、「デザインは、統計学的な要素が多い」と言います。その考え方は、会社の運営にも反映されており、例えば、「TONE」という社名も、「濁点、棒引きはあってもいいけど、英語なら四文字、カタカナなら二文字。と、最初に条件を設定し、社員から意見を集めて決めた」そうです。

言葉としての思い入れを優先させるのではなく、デザイン会社の社名として、合理的な要素を優先した結果なのでしょう。

店舗名にホホホ座を付けることに対しても「まったくのゼロからスタートするんじゃなくて、元々知名度のある名前をもらえるなんて、ラッキーじゃないですか」と、あっけらかんと話してくれました。

そして、それらの合理性は、すべて「会社の利益を上げるため」と言い切ります。この本でも書いた、物事に対して相対的な立場から考えたり、過去の遺産をサンプリングしたりすることは、僕らにとっては、経験から出る、ある種の「クセ」のようなもので、統計学的な見地からはじき出したものではありません。ただ、到達すべき目標は、やはり「利益を上げること」なのです。

プロセスや表現の違いこそあれ、中林さんたちと僕らは、本質的には大変似ています。それは、中林さんたちは、合理的な、僕らは、斜に構えた「ドライさ」なのだと思います。

これは、一種の防衛手段です。かっこつけてクールぶっているわけではありません。自分で事業を立ち上げたら、描いていた夢が崩れ去ることは、幾度もやってきます。意に反したことをやらねばならぬこともあるでしょう。そんなことでイチイチ落ち込んでいられないので、精神的な逃げ場を作っておくことが必要です。「利益のため」というのは、当たり前のことですので、効果的な逃げ場になります。

もちろん、夢を持つことは必要だと思いますが、その、崇高な思いに直接ダメージを受けないよう、ちょっと下世話な「利益のため」を逃げ場にしておけば、防護壁がわりになり、何かと楽になります。

中林さんと安本さんは、自分たちの能力と取り巻く状況を冷静に分析している、物静かな文化系タイプです。それは、店の作り方にも表れています。

金沢店には、カフェが併設されています。物販＋カフェの形態は、「カフェね〜、はいはい、よくあるやつ」と、小馬鹿にされかねない、ありふれた発想です。

しかし、博打《ばくち》的要素が強い物販は、お客さんが「欲しいものがない」と、一度感じたら、再来店してもらえる可能性はかなり低くなります。この立地条件を考えれば、世代や嗜好に左右されることが少ない、カフェのお客さんを獲得することは、安定した売上を作る上で欠かせない要素です。

物販経験の少なさ、お菓子を作れること、とりあえず来てもらわないと何も始まらない立地条件。それらを総合すれば、この形態は、理にかなったものです。

突飛《とっぴ》な発想ではなく、定石に沿いながら個性を出す。冷静なデザイナー的思考が、お店にも反映されています。

僕は、インタビューの中で、中林さんがぽろっともらした「悔しい思いもいっぱいしてきたんで」という一言が印象深く残っています。

中林さんは、おそらく、自分の能力が足りずに「悔しい思い」をしたことよりも、理不尽な状況に対して「悔しい思い」をしたことが多かったのではないか？　と、感じました。

「なんやねん、あいつ」と、思ってしまう、シンプルな感情です。そのような感情を抱えがちな人は、「あんなふうになるのは嫌だ」と、考えながら仕事をするのがよいでしょう。その、相対的に物事を考える姿勢が、冷静な判断力をもたらします。

なかには、怨念を込めた負のエネルギーを蓄え、同じ理不尽な仕打ちを他人にしてしまう人もいるかもしれません。しかし、それを「やった側」には、何も残らず、「やられた側」により強大なパワーを与えてしまう、完全な自爆行為になることが多いのも事実です。感情にまかせて仕事をするとロクなことになりません。

僕らは、常に「あれは嫌だ」「これはダサい」を優先し、反面教師による英才教育をいつも受けています。中林さんも安本さんも、同じような気がします。

そういう人が、一番信頼できるのです。

松本伸哉

セカンドキャリアにホホホ座
～ホホホ座珈琲大野の場合～

ホホホ座で売っているコーヒー豆、「ホホホ座珈琲大野」の焙煎家大野貞良《さだよし》さんが突然訪ねて来たのは、二〇一七年の秋でした。

大野さんは、サラリーマンをしながら、業務用の焙煎機を使い、自宅でコーヒー焙煎をしています。でも、一緒に暮らしている家族は三人。どんなに大量のコーヒーを飲んだとしても、スケール感が合いません。

ホホホ座オリジナルの商品をもっと増やしたい僕と、焙煎機の容量を持て余している大野さん。利害関係がバッチリ合った僕らは、三カ月ほどのテスト期間を経て「ホホホ座珈琲大野」を商品化しました。

ちなみに、この屋号にしたのは、その年に誕生した、ホホホ座金沢がある地域が「大野」だったので、金沢店で売れば、「大野で焙煎しているから大野なの?」「いえ、大野さんという方が焙煎しているから大野です」といった、余計な混乱を招くことが、面白そうだったからです。ちなみに本当に金沢店でも販売しています。

大野さんは、僕と同じ、五十代前半の同世代。こつこつと真面目にサラリーマンを続けてきました。

それなりにキャリアを積んだ、年長者の経験は、後に続く人に伝えるべき「知恵」としての価値があります。なのに、なぜか、多くの人がそれを自慢話として語ってしまうので、誰も相手にはしてくれません。結果、根拠もなく、自身を高く見積もった、承認欲求だけが寂しく残ります。

大野さんには、そのような部分が一切ありません。謙虚で真面目、無駄なプライドの高さもなく、同じ年月を過ごしていながら、人としてこうも違うのか。と、愕然としたものです。

サラリーマンであった大野さんが、コーヒー焙煎を始めたことには、商品として販売するだけでなく、もっと大きな目標がありました。

それは、定年後に沖縄の宮古島でコーヒーショップを開くことです。そもそも、大野さんが僕を訪ねて来たのは、宮古島でホホホ座を開くことの相談でした。

トライアスロン競技をやっている大野さんは、もう二十年ほど、宮古島で行われる大会に参加しており、すっかり島の魅力にとりつかれていたのです。

しかし、中途半端な借金を背負い、ヒーヒー言ってきた、零細個人事業主の僕にとって、「退職金」「南の島」というキーワードから連想するのは、のんびりしたセミリタイア後の世界。

また、「生き方」や「ライフスタイル」を問い直すことを、一種の美徳としてもてはやす、イマドキの風潮にも少々うんざりしていたので、僕は、素直に「いいですね」とは言えませんでした。

これが、夢として放置されているだけなら、大野さんの定年までは、あと十年ほどありますので、気が楽です。考え方も変わるかもしれませんし、準備期間も十分取れます。しかし、事態は急展開を見せ始めます。

大野さんが、早期退職することを決意したのです。

考えてみれば、賢明な判断といえます。十年は、いかにも長い。下手をすればその間に死んでしまう可能性もある。死ぬことはなくても、体力は確実に落ちる。住み慣れた環境から遠く離れて飲食店を営むことが、かなりハードな案件であることは、間違いありません。早ければ早いほどいいでしょう。

動機に引っかかる部分があったものの、よく考えてみれば、自分が開業した動機も、

「レコードと本が好きだから」という、相当いい加減なものだったので、仕事をやめる。という大きな決断をした大野さんに、「商売はそんな甘いものではない」と、わかったような、上から目線の言葉を投げかけることはできません。僕自身も甘々だからです。

ゼロから事業を立ち上げるパターンは、今までありませんでしたので、不安要素はてんこ盛りでした。しかし、こんな甘々な僕でも、力になれるのであれば、協力をしたい。そう考えるようになったのは、やはり大野さんの人柄です。

ただ、どちらかというと、いい人だから協力したい。ということよりも、退職金を握りしめて第二の人生をスタートさせる人にありがちな、無駄に資金を使ってしまうことへの心配がありました。

零細個人事業主である僕らは、日常的にセコく、セコく攻めて、最大限の効果を上げることだけを考えています。その結果、特に大ブレイクしていないことも事実ですが、これは、根本的な能力の問題なのでしょう。

大野さんは、ずっとサラリーマンだったので、開業にまつわるあれこれを、どこまで自分でできるのか？　それを判断する材料が不足しています。これは、能力というより、情報量と人脈の多さです。それなら、いくらでも伝えることができます。

さらにもう一つ。これまでの、ホホホ座襲名は、さんざん書いてきた通り、僕たち自身の力でなし得たことではありません。すでに、経験や場所があり、それに「ホホホ座」という名前を乗っけるだけの作業です。

アドバイスをしたり、人や商品を紹介することもあります。襲名を許可してよいのかどうかには、判断力も必要です。そこには、自身の人脈や経験が生かされている場合もあるでしょう。

仕事をする上で、「人脈や経験をタダで提供するのはどうかと思う」と、そのまんまのことを言われたこともあります。しかし、紹介料とか、コンサルタント料とかに、犯罪の臭いしか感じ取れない僕にとって、仕事をした実感が伴わないものに、対価を求めることは、なかなか勇気がいるのです。

対価というものが、何をどうすれば発生するのかは、とりあえず置いておいて（こういうところが良くないのでしょうが）、僕は、ノリとなりゆきだけで行われていたホホホ座の襲名作業に、実感のある、一つの仕事として取り組むことを考え始めていました。

もちろん、大野さんからフランチャイズ料をむしり取ろうと考えているわけではありません。そこは、今までのホホホ座と同じです。

感覚的にこなしてきた仕事を整理して、別の場所で実践をしてみたいだけです。例えば、この本に書いてきたようなことが、通用するのかしないのか？　それが知りたいのです。

さて、この原稿を書いている最中に宮古島の店舗物件が決まってしまいました。もう後戻りはできません。

宮古島は、現在、観光事業、不動産を中心とした、露骨なバブル景気が到来しています。この状況下では、素人をたぶらかした、悪徳コンサルタントと思われても仕方ないでしょう。

ですので、いかにして、その浮き足立った状況と関係ないふりをするか？　そのことだけを考えています。

福祉っぽさって何かね？
～ホホホ・ザ・わいわいの場合～

松本伸哉

ホホホ座珈琲大野、大野さんとの「実感ある」ホホホ座襲名作業と並走する形で取り組んでいたのが「ホホホ・ザ・わいわい」の立ち上げです。

「ホホホ・ザ・わいわい」は、地域福祉を目的としたボランティア団体です。二〇一八年の四月からは、京都市左京区の左京区まちづくり活動支援交付金の対象事業になりました。

ホホホ座からすぐ近くの、障害や病気によって就労困難な方を対象とした、あるリサイクルショップ（障害者就労継続支援B型施設）のイベントに参加したことがきっかけとなり、その施設から独立したメンバーと一緒に「ホホホ・ザ・わいわい」を立ち上げた。というのが、ざっくりとした経緯なのですが、これ以上説明してもあまり面白い話題はありません。僕以外のメンバーは、その道のプロ中のプロであり、具体的な設立作業は、ほぼまかせっきりだったからです。

また、ボランティアや福祉に興味を持つようになった、いい感じの、きっかけエピソードも思い当たらず、書き始めてはみたものの、いよいよ困りました。

よって、これから書くことは、ある程度、僕自身のボランティアや福祉に対する考え方に内容が寄ってしまうと思います。その点ご容赦ください。

ボランティアや福祉の精神など、まったく持ち合わせていなかった僕が、「ホホホ・ザ・わいわい」を立ち上げた理由は、一言でいえば「加齢」です。

明日はわが身。年齢を重ねれば重ねるほど、自分一人では、生きてはいけないことをひしひしと感じます。さらに、長年抱き続けたある思いが、僕にはありました。

僕の周辺には、商売柄、アーティスト。と呼ばれる人がたくさんいます。音楽家や絵描き、映画監督など、その中でも、親しくしている人の数人は、なかなかエキセントリックな人生を送っていて、ちょっとここでは書けないような体験を、しばしばさせてもらっています。

面白いだけではなく、何分、常識はずれの部分もありますので、予期せぬ被害を被ったことも一度や二度ではありません。最近は、さすがに危険を察知する能力も備わってきたので、大きな被害に遭遇することは激減していますが、思えば、もう三十年以上、こんな生活を続けています。

その間、ずっと、「正常と異常の区別はなんだろう?」と考えていたような気がします。

例えば、この場で、僕が体験した、渾身の変態エピソードを繰り出せば、誰もが「それは異常だ」と感じると思います。でも、僕は、周りの人に異常者扱いされているわけではありません。

「ホホホ・ザ・わいわい」の活動には、障害を持つ当事者も参加しています。ホホホ座でも、ダウン症である佐藤春菜さんの作品集を作りました。それらの人たちと、僕の周りにいるエキセントリックな人たちを比べると、むしろ後者のほうが、人としては厄介な部分が多いのです。

いや、別に厄介とも感じてはいません。約束した時間に来ないどころか、そのまま一カ月ほど行方不明になるような人もいます。しかし、まあ、「そんなもん」です。こちらが、致命的なダメージを受けないかぎり、特に腹も立ちません。

健常者と、障害や病気を持つ人を、「厄介さ」のレベルで考えると、僕には、その線引きがよくわからないことがあります。正常か異常かを、与えられた属性だけで判断する。その不条理さをずっと感じていました。

と、このようなことを、「ホホホ・ザ・わいわい」を立ち上げる前、他のメンバーに話しました。

こんな考えが、何らかの実行力を伴って発揮されるとは、つゆほども思っていなかったのですが、意外なことに、現「ホホホ・ザ・わいわい」のメンバーが、いたく共感をしてくれたのです。

根っこの部分で繋がっていたのは、国が定めた福祉制度に対する違和感です。障害や病気のあるなしで色分けをしながら活動をすることに、限界を感じている福祉関係者が、意外に多いことを知りました。

僕たちが普段生活をしている場所は、さまざまな立場にある人同士の関係性で成り立っています。福祉に関わる施設は、ネーミングやデザインが、どこか「福祉っぽい」雰囲気になりがちで、その表面的なイメージのみで、判断をされてしまう部分があると思います。

つまり、ボランティア、福祉の看板を掲げてしまうと、興味を持つ人だけが、能動的に出入りする場所になってしまい、生活の中にある関係性は途切れ、ほとんどの人には「関係のない場所」になってしまいます。

街にいるエキセントリックな人々も、社会との関係性を断たれ、孤立した状態になれば、異分子として排除されてしまう。それは、文化的にも本当につまらないことです。

人間は、そんなにヒマではありませんので、利害関係のない「自分以外の何か」に興味を持つためには、偶然の巡り合わせが必要です。その、偶然の巡り合わせの場所を、ホホホ座に置けば、どうだろうか？　というのが、僕の発想でした。

最初の取り組みとして始めたのが、毎月第二土曜日、ホホホ座浄土寺店のガレージで開催される「0《ゼロ》えんマーケット」です。その名の通り、メンバーや一般の方から集めた衣料、雑貨、本などを無料で配布しています。

まもなく二年が経とうとしているこのマーケットは、毎回五〇人ほどのお客さんが来てくれ、なかなかの賑わいを見せています。

「0えんマーケット」は、ボランティア、福祉といった文言を、特には主張していません。ホホホ座で開催する、誰でも参加できるイベントです。

それが、ボランティアであり、福祉なのか？

と、問われれば、正直よくわかりません。ただ、僕たちの考えていることは、ボランティア、福祉という枠組みを最初に作り、それを地域に置くのではなく、地域の中から材料を拾い集め、枠組みを作っていくことです。究極を言えば、そんな枠組みさえ必要としない社会が理想です。

先ほどふれた、佐藤春菜さんの作品集は、春菜さんが記した言葉を集めた「言葉集」です。僕は、この本を編集する際、春菜さんが、ダウン症であるという事実を、いかにして、ストレートに出さないかを考えました。一冊の本として、枠組みのない、同じ地平に並べることのほうが、大切だと考えたのです。

もちろん、ダウン症ありきで成立する企画でありますし、そのことを前面に押し出したほうが売れたのかもしれません。

ただ、（ダウン症という）枠組みを作り、そこに収めることは、ひとつの「ジャンル本」として消費される側面もあります。そのジャンルに興味がある人だけが手に取るのではなく、本として、もっと大きな海原に放流し、知らない世界に漂着するほうが、この病気について、理解を広めることができるのでは？　と、思ったのです。

別に腐るものでもないですし、一カ月一冊でも売れたら、それでいいのです。

僕らは、ある意味、気の長い夢想家なのでしょう。しかし、この取り組みについて、考えれば考えるほど、枠を作って押し込めることの無意味さを感じます。なぜなら、結局は、目の前にいる人に対し、どう反応するか？　それしかないからです。同じ名前の障害を持つ人であっても、人として同じではありません。

「ホホホ・ザ・わいわい」は、とりあえず状況を動かしてみて、その場その場で考えることとしかしていません。続けることさえできれば、この「ホホホ座」という、ゆるやかな共同体の中で、何らかの化学反応が起きると信じています。

「0えんマーケット」以外にも、二〇一八年四月からの一年間で、サロン活動、各種文化教室、学習会を開催し、参加者は、一〇〇〇名を超えました。予想以上の成果です。ホホホ座とボランティア、福祉の組み合わせには、大きな可能性があると感じています。

ちなみに、個別の相談や、生活困窮者の食糧支援など、もっと直接的な支援も行ってはいますが、今のところ、メンバー個人の裁量でこなしている状態です。将来的には、フードバンクや、もっと斬新な福祉事業の構想もあるのですが、いかんせんお金がかかるのです。

どなたか、太っ腹なところをみせてもらえないでしょうか？　お待ちしています。

生き残るための曖昧さ

松本伸哉

これらの「親戚」は、店名を共有しているだけで、経営としては、それぞれ完全に独立した組織です。僕らが、何か強制をしたり、コントロールすることはありません。上下関係の無い、完全に対等な立場です。

発案し、形を作ったのは、僕ですが、「発案」というより、「思いつき」ですし、「形」として、ここで書いていることも、成り行き上のいきさつをまとめているだけで、そこに創始者としての威厳はございません。誰かが上に立ち、指示を仰がなければいけないような状況はないのです。

対等な立場のメリットは、たくさんあります。

「ホホホ座ってそんなにあるんですか！　すごいですね」

「いや、まあ、そうですね」

このように、曖昧な返答をしておくと、「開業からたった数年で、全国に一〇店舗を展開する、今注目のホホホ座」と、勘違いをしてくれます。この勘違いは、全国のホホホ座、すべてに適応します。どこの店でも「そうですね」と言っておけば、ホホホ座すごい。となるので、労せずしてお店の説得力を持たせることが可能です。誰かが一人勝ちをすることのない、理想的なスケールメリットです。

宣伝、広報の部分でも、ゼロからのスタートではないので、何かと有利です。商品をやりとりしたり、イベント、企画を共有することも可能です。ときには、お互いの得意分野を生かし、一緒に仕事をすることもあります。実際にやってみてわかったのですが、デメリットらしいデメリットは、まったくありません。

ホホホ座は、八百屋でも、コインランドリーでも、バンドや、漫才コンビでも構いません。公序良俗に反するものでなければ、僕たちが業種を限定することはありません。

面白さの点では、尾道店の次に誕生した「部屋ホホホ座」は、その特異なスタイルが際立っていました。

神奈川県真鶴町にあった、この「部屋ホホホ座」は、旅館を改装したカフェの、使っていない一部屋を指します。浄土寺店の商品を並べた物販イベントを二度ほどやりましたが、その名の通り、通常は、使用目的を持たない、純粋な部屋だけの存在。とらえ方によっては現代アート作品のようなホホホ座です。

現在は、母体となったカフェ自体がなくなり、部屋自体も消滅したのですが、発想の着地点をとんでもないところに設定しておけば、あとは、何でもいいかな？　と思えたのは、この場所の誕生が大きかった気がします。


僕は、いわゆるバブル世代ですので、ひたすら拡大戦略をとって、最終的にダメになってしまったお店や会社をいくつも見てきました。しかし、ホホホ座は、利害関係のない「親戚」ですので、どこか一つのホホホ座がなくなっても、他に残るホホホ座があります。浄土寺店もいつかはなくなってしまうでしょう。でも、ホホホ座の名前は、どこかで、ずっと続いていくかもしれません。

曖昧で、不自然で、つかみどころのないホホホ座を展開することは、「続ける」ための方法でもあるのです。

ホホホ座浄土寺店１階下見時

ホホホ座浄土寺店１階

ホホホ座浄土寺店２階

ホホホ座浄土寺店外観

ホホホ座尾道店コウガメ

（本）ぽんぽんぽん ホホホ座交野店

ホホホ座三条大橋店

今治ホホホ座

ホホホ座西田辺

ホホホ座金沢

ホホホ座珈琲大野

第6章

往復便多《おうふくびんた》

※往復便多は、山下と松本でたまに行う往復書簡です。
雑誌の記事になったりもします。

金

山下　もうかりまっか？

松本　微増して、微減しての繰り返しですわ。商売を始めて以来、劇的に増加したことはないかもな。減ったことはあるけど。

山下　一〇パーセントの微増があったとしても、すぐに二〇パーセントの微減があったりする。結局、マイナスみたいな。

松本　マイナス一〇〇〇万とかなれば、完全にお手上げ状態になるんやろうけど、この、だましだましやっていけるような中途半端な状態があかんのやろな。

山下　某社長が「経営とは結局、資金繰り」って言ってたよ。「借金の規模が会社の規模」っていうのも誰かが言ってた。「迷わず行けよ。行けばわかるさ」っていうのは猪木が言ってた。

松本　そういう言葉もどっかで自分の都合のいいようにとらえてしまったりするや

ん。入ってくるお金と出ていくお金しかないんやから、本当はもっとシンプルな話やねん。マイナスになったら終わり。じゃなくて「お金以外の何か」によって、都合良く自分を気持ちよくさせている部分があるねん。何もかも嫌なら、続けへんやろ？

山下　「お金以外の何か」。それは「シビアな日常を何でマヒさせてるか」ってことかもね。

松本　マヒ可能なぐらいの規模の事業しかしてないともいえるけど。

山下　やっぱり最終的には、どんな規模の事業でも経営者はタフにならざるをえない。断続的にやってくる苦境と向き合う覚悟は、店を始める前に想像してた覚悟とは段違いに違う。

松本　タフにはなるね。そやから、お金のあるなしで、他人と自分を比較することは全然あらへんな。これといって劣等感は覚えない。そういう部分では、生きやすい人生なのかもな。

山下　マイペースを保てる人が続けられる人かもね。絶妙なのんき加減というか。そやけど、サラリーマン的に働くのが嫌で起業する人の中には、最低限の暮らしができたらいいですという人が多いのと違うかな？　で、実際始めてみたら思い描いてたその最低限の暮らしさえもおぼつかなくて、最低の暮らしになったり（笑）。

松本 かといって、これは「清貧」ではないからね。小銭を握りしめてブックオフに行って、一〇〇円の均一本を一冊買って「今日読む本が買えた！」と思うのは、あさましい欲望を満たしてるだけやから。爪に火を灯《とも》すようにして貯めたお金で、欲しかった高価な希少本買う、みたいなことはない。あるとすれば、あぶく銭が入ったとき。

山下 あぶく銭の使い道の優先順位は、やっぱり本？

松本 本ではないな。手の内がわかっている、守備範囲内のものは、むしろ優先順位は低い。何やろな？　もっと突拍子《とっぴょうし》も無い……意外と思いつかへんな。

山下 ほとんどの人は、いつもより豪勢な食べもんと飲みもんに使うんちゃうの？　お金に困ったって最初に思ったのっていつ？

松本 やっぱり「支払い」が発生したときかな？「こんなもんかな？」と思ってるうちにどんどん減っていく。思ってた以上に減る。最初のお店をオープンする前、すでにお金に困ってた。

山下 早い（笑）！　でもまぁ、経費かかるよね、普通。それを営業しながら増やしていったり返済していったりするわけやけど、これがまたすんなりいかんのよなぁ。こないだ、めちゃくちゃ調子いいと思ってたお店の店長さんと話したら、実は全然調子よくなかったりして、ビックリするやら安心するやら（笑）。

松本　それは、同業者？　ふと気づいたら、二十年以上こんなことやっとるけど、モノを仕入れて売る物販の商売は一発大逆転なんてあらへんのよ、売上を上げるには、それに応じた仕入れをせんとあかんから。借り入れをするか、副収入を考えるか、ベースとなる資金を底上げしないとどうしようもない。ちまちまモノを売っているだけで、ものすごく儲かる。なんてことあるんかな？

山下　あるとしたら、超大口の注文とかかな。一括の薄利多売。本屋でいうと、地元の小学校とかの教科書販売の権利を手中に収めるとか？　在庫を一時的に置いておく場所の確保とかコネを作るための経費とか諸々考えたら、一発逆転の金額ではないかもなぁ。補填《ほてん》にはなると思うけど。しかし、月末のヒヤヒヤ感は、できれば味わいたくないなー。閉塞的な斜陽産業って身に染みてわかってんのに、それでも簡単にやめへんのは、ある意味、本屋の店主は全員マゾやね（笑）。

松本　でも、こうしてお店らしきものを構えて、月末のヒヤヒヤ感を味わいながらも続けているのは、「店」という、顔の見える信頼感や風通しの良さで、いろんな仕事をもらえる。というのがあるねん。ぶっちゃけ、「店」は営業のための道具。と割り切っている部分すらある。

山下　やめるにやめれへん状況もあると思うけど。店舗を構えるということで入ってくる仕事と、店そのものを維持する経費のバランスはとれるもんかね？

松本　バランスってなんやろね？　そもそもそれがわかっていない（笑）。収支を精査して、きちんとした事業計画を立ててること？　でも、俺らには将来を見すえた金銭的な「投資」という観念があらへんし、そんなお金もないので、結局、モノの売り買いではない、今ここにある経験や才能をお金に変える方法を考えるしかない。実際、たまにやる雑誌の企画や取材とかって、そんなむちゃくちゃ実入りがいいわけでもあらへんけど、まあ、正直、お店の経営に比べれば楽。それは、ヒヤヒヤしながら「モノの売り買い」を続けてきたおかげでもあるけどな。一応、筋は通しながら、なんかよくわからん知識の蓄積があってのことで。

山下　個人事業の店主は、得てしてどんぶり勘定の人多いよね。昔から。だから会社にしないし、できないし、したくない人もいるのだと思うけど。それで、どんぶり勘定は基準となるものが曖昧な分、一喜一憂も曖昧（笑）。昨対が目標額より何パーセント減か……とかじゃなくて、なぁ～んか今月ヒマやったなぁ～みたいな（笑）。でもそれって、最初の話でいうところのマイペースのしなやかさというところでもある。数字を大枠でしか把握してないから、気分が先行してずるずる延命したりする。もちろん気分だけではやっていけへんけど（笑）。

松本　今は、数字を打ち込むだけの経理ソフトを使っとんやけど、あいつら、めっちゃ賢いから勝手にグラフとか作ってくれるねん。でも、結局、その姿を眺めて「大体わかりました」で終わってしまう。データ分析をしたりする脳細胞が自分にはないんちゃうか？　と思うくらい、ここから何をひねり出せばいいのかわからない。結局のところ、本だ、音楽だ、映画だと、文化的なモノが好きで、ずっと追い求めてる人って、いつも足元がフワフワしとんやと思う。世界にピタッと着地して「ビジネス」をしてお金を得るためには、自分自身が、もっとダイナミックに変わらないとあかんやろね。それができず、ずっとダラダラしとるわけやけど。

山下　俺らの好きな文化って、どちらかというと怠惰とか寄り道とかから生まれたものが多いから、それはもう完全にこじらせやね（笑）。でも全体的に個人事業主は、「俺はビジネスをしてるんだ」っていう意識よりも「俺は夢を実現させてるんだ」っていう意識の人が多いんちゃうかな？　それはやっぱり単位が個人やから。「法人化」とはお金への意識の踏み込み方がやっぱり違う。収入は生活費と直結してるし、良くも悪くも仕事とプライベートのモードがフレキシブル。その分、不安定な状況はモロに生活にのしかかってくる。本来、ビジネスに一番向いてへん人がビジネスに片足突っ込んでるわけやけど、そういう人が作る空間とかプレゼンテーションって、ビジネスしてる人には絶対作れない部分があると思う。それは、お金がないからこそ生まれる「工夫」の部分。工夫してるうちに生まれる「苦し紛《まぎ》れの果てのセンス」っていうのは不器用な人ほど面白いものになると俺は信じてる。

人

松本　俺、最近気づいたんやけど、「知り合い」はたくさんおるけど、いわゆる「友達」って一人もおらへんのちゃうか？　と思うねん。青春ドラマに出てくるような、ああいう感じの「友達」。

山下　それは単純に松本さんが「こいつは友達や」って思える奴がいいひんてことちゃうの？　「友達」って自分定義なもんやで。たとえ、相手にそう思われてなかったとしても。

松本　そやねんけどな。やっぱり「ホホホ座の」松本、山下になってしまうわけやん。冷静に考えたら、店とか仕事と切り離した形での自分というのが、存在せんような気がする。同級生とか、何十年も付き合いのある人もおらんし。まあ、ふと他の人はどうなんやろ？　と思っただけやけど。

山下　何経由で知り合ったかっていうのは、ただのきっかけやから、仕事から友達になるのは全然あると思うよ。俺はプライベートは基本的に誰とも会わん傾向にあるから、仕事を通して知り合った人が出会いのすべて。そこに友達と思う人もいるし、知り合いと思う人もいる。それは共有した時間の長さでもないし、密接度でもない。「あ、こいつはいいな」と心の中で思ったやつはたとえ一回しか会ったことなくても親近感を覚えてる。勝手に。

松本　俺はもっとフラットに付き合っている感じやな。敬語で話すか、タメ口なのかの違いくらいかも。苦手な人はおるけど、腹の底から嫌いな人もおらんし。

山下　苦手な人、興味あるわぁ。誰？

松本　昔からそうなんやけど、お店で知力と情報量の対決を挑んでくるお客さん。古本とか中古レコードを扱っていると、たまにそういうタイプの人がいる。今は、事前の予防策として、お店があまりハードコアな雰囲気にならないように気をつけとる。中古レコード屋時代、業務に支障が出るくらい攻めてくる人がいて、出入り禁止にしたことがあるわ。

山下　ワハハ！　そういう人って二種類いて、たんに店員と仲良くなりたい人か、なぜか店の空気に呑《の》まれまいと承認欲求をかましてくる人か。後者の人も最終的には馴染みになることが目的なんかもしれんけど、そういうタイプは自分より世代が上の人に多い印象やわ。「俺の若いときは〜」みたいな、下の世代が確認しようがない話を持ち出してくる。そういうのって、昔はまかり通ったけど、今は当時の映像とか当事者の話とかがネット検索で出てきてしまうので、おっさんの思い入れで盛ってることがバレやすい。

松本 その人の人生を想像すると、せつなく思ったこともあったけどな。そら、変人もいっぱいおるし、できればあんまり会いたくない人もおるけど、たまらんキツかったのは、そういうタイプの人くらいかな。消耗戦になるんで、とにかく疲れる。

山下 「他者と繋がりたい」ということでは、みんな一緒やねんけど、より寂しがってる人のほうがそうなるよね。俺は「タメロ」のタイミングが苦手やねん。でも、結構久しぶりに会った「微妙に」近い距離感の人と、前回までどうやって話してたか忘れてて、そのタイミングでタメロになってしもたりすることとあるわ。

松本 個人商店やと、そこにいる自分自身がある意味、看板になってしまうんで、人との「距離感」の保ち方を考える必要があるんやろな。あんまり意識はしてへんかったけど、最近ちょっと考えたりするようになった。マニアは、寂しい人が多いけど、かといって、その寂しさを受け止めてばかりもしとられへんからな。

山下 「知」を売ってると思われやすい本屋という職業は、その辺、特にデリケートやね。そういう気分に浸って、店主と客が会話し続けようと思えば、できるわけで。それはもうその店のスタイルに関わってくること。つかまえて売る店か、泳がせて売る店か。

松本 やっぱり、名物店主がいる個人商店。なんてのは限界があると思うねん。店に限って言えば、誰がいても売上が出るようにならんと。特に物販は料理人や美容師みたいに、純粋に技術を売ってるわけではないしな。本当は、店では裏方に回って、なるべく「顔」が見えない状態にしたいねん。体力的にも、あと何年お店を続けられるのか？　ということを考えるようになったからかもしれん。

山下 名物店主。言い換えると、ローカル有名人。つまり、お客にとって名物なだけで、世間にとっては誰やねんにすぎない。「誰がいても売上が出る」の完成形は、コンビニかもな。資本にまかせた豊富な商材と全方位型システムがあるから成立するのかもしれないけど、ネックは「そこで働くモチベーションがあまり長続きしない」ってことやね。

松本　例えば、雑誌のお店紹介で八〇年代くらいまでは「誰がお店をやっているか」なんてことは、情報としてもほとんどなかったし、どうでもよかった。モノが動く時代やったさかいな。人にフォーカスするのは、どんどんモノが動かないようになって、景気が悪くなった証拠やと思う。コンビニやネット通販みたいに物販としての機能を合理化するか、インフルエンサーみたいに刹那的になるか、今は、そのどっちかやろな。売上を爆発的に上げる。という意味においてやけど。

山下　付加価値はもう効力がないと？

松本　例えば、本屋は、斜陽産業であるがゆえの同情を含んだ、文化的シンパシーを得やすい立場にあると思う。ただ、そのことが、店主の思いとか、物語にどんどん寄っていく傾向があるやん？　取材を受ける側としては、嬉しいことでもあるんやけど、サイドストーリーばっかり注目されて、本質から離れていってる気もするな。「本屋物語」は、もうネタ切れの感もあるし、人は移り気やから、こんなことがいつまでも長続きするわけないで。買う、買わない、のジャッジをそういう付加価値にゆだねるほど、みんな余裕があるんやろか？ と。

山下 「モノに付随させる」付加価値は、個人店にとってはむしろ不可欠やと思うな。サイドストーリーや時代性を面白がるとかくっつけて「絶対的な価値」としてお客さんにプレゼンする売り方。不景気なご時世、そういうのって買う側も「なんとなく」ハッピーになれるから。

松本 俺は、匿名性のある「店主」じゃなく、松本伸哉という「一個人」として、店に立っていることに、ちょっと疲れているんで、自分が店の付加価値になることに、抵抗があるだけやねん。でも、「絶対的な価値」を、価格とか、数値化された世界で勝負することなんて、無理やから、結局は、人、モノ、店を繋げて、何らかの付加価値を作り出すしかないんやろな。とは感じとる。自分の存在は、なるべく薄くしたいねんけど。

山下 まだまだ濃いで。

本

山下　本って、存在がすごく「象徴的」やと思うねん。本そのものに、賢くみえる「インテリ」要素とかっこよく映える「インテリア」要素が内在してるやん。つまり、「中身」と「外見」の両方を存在だけで表現できる。というか、偽《いつわ》れる。自分のアイデンティティのようにいくらでも振る舞えるアイテム。そういう「かっこつけ」のための便利なアイテムって意外とないんとちゃうかな？安価なアイテムでは特に。

松本　この往復書簡で、その「かっこつけ」をやんわりと、そしてボロカスに言ってるわけやけど、自分自身を顧《かえり》みると、能動的に本を買い始めた中高生の頃は、かっこつけるためのアイテムやったわ。すんません。かっこつけるというか、背伸びするため。と言ったほうが正確やけど。ただ、読書家が異性にちやほやされるという話は、聞いたことないので、実効性は疑わしいけどな。

山下　読書家はこのご時世モテへんけど、とりあえず一目置かれるねん。そういう使い道。でも、ほんまに本ばっかり読んでる人は他人に何読んでるかとかアピールしいひんよ。

松本　買った本をアピールするとか、自己演出の道具として「使い道」を考えるのは、取り巻く環境が変わったからやと思う。雑誌で本屋特集が定期的に組まれたり、本屋についての本がやたらと出版されるのは、本を取り巻く環境が、特別なものになっている証拠やん？　かつて、当たり前にあった娯楽ではなくなった証拠。

山下　娯楽ということでは、読書が縁遠い人も芸能人のエッセイ本でもエロ小説でも自分の興味が湧く本から読み始めたらいいと思うけど、ダイエット本とか、物語のないただの情報源としての本はもうネットで十分かもしれんね。情報の信ぴょう性はしらんけど。

松本　こういう商売をやっとると、ものすごい読書家やと思われることもあるんやけど、自分にとっては、読書なんてどこまでいっても娯楽やからな。「本を取り巻く環境」を考えるのもええんやけど、あんまりこねくりまわすと、「娯楽としての読書」からどんどん離れるような気もする。

山下　本は、完成形のハードであり、コストパフォーマンスのいいソフトやと思ってる。でも、本の面白さに本当に触れたのは、本屋やってからかもなぁ。やっぱり物理的に本に触れてる時間が多い・少ないって本に対する探究心や愛着がだいぶ違ってくるんとちゃうかな？　そう考えると、普通の人が時間の使い方として読書に向かわないのは当然という気がする。

松本　娯楽とはいえ、テーマパークよろしく「楽しい世界」に、ただ参加すればいいってものでもないしな。本はこちらから能動的に選択しないとあかんから。本を読む時間がないというより、探す時間がないんやと思う。膨大な本の中から、一冊を選ぶのは、そんなに簡単なことではないのかもしれん。本に触れるきっかけを考えずに、「本を読め」というのは、ちょっと暴力的な気もするわ。

山下　だからこそ、選書っていう商売も成り立つわけで。もっというと、選書を頼む側のクライアントも普段、本のことなんてあまり情報を追っかけてへんから、いざ頼むとなると、いつも同じような人に頼みがちなわけで。

松本　カタログ的な、資料としての選書はともかく、場の演出としての選書って意味あるんかね？　実際、そんな場所に行ったことはほとんどないんやけど、この本面白いから買おか。ってなるんかいな。それ以前に、売りもんじゃない場合もあるんやろ？　あと、本の入れ替えもせんとあかんやん？　大変やで。どういう需要があって、何をしたらお金が発生するんか、仕組みが全然わからん。

山下　基本は、閲覧用の選書発注が多いみたい。ホテルとか、カフェとか、「優雅でリッチな」空間演出。なので、優雅でリッチで「ハイセンス（笑）」な雰囲気ができそうな顔しとかなそういう仕事はきいひんのやろな。

松本　したくないと思う以前に来ない！　確かに。いや、それなら優雅でリッチでハイセンスな場所に本なんていらんでしょ？

山下　ああいう棚は、ほとんどの人にとって〈本の色をした壁紙〉にすぎない。俺はカフェでコーヒー飲みながら、本読むのが好きやから、本があったら大変嬉しい。でも、小説ものが村上春樹周辺のテイストばっかりとか、自分のテーブルに持ってくるのも困難な大きくて重い洋物の写真集とかばっかりやったら、それこそ〈壁紙的品揃え〉やと思う。

松本　そういう本棚って、なんか偉そうに見えるやん。あれ、むしろ逆効果のような気もするんやけど。本好きな人からは、「なんや、こんなもんか」って値踏みもされるし。本の存在感て、その「さりげなさ」がええと思うねん。カフェでも、便器の横でも、どこにあっても邪魔にならず、何とでも組み合わせられる。「たまたま、そこにあった一冊の本」が一番印象に残ったりする。

山下　棚には、隙があってほしいね。ラインナップ的にも値段的にも。キメキメやと寒い。なんかあったかくない。

松本　本は人生の隙間を埋めるものでもあるさかいな。隙間に入れるのはあったかいもののほうがええなあ。

文

山下　これは種明かし的な感じになるけど、今回の本の文体は基本姿勢として「自分のことは棚にあげない」というのを肝に銘《めい》じたよね。できてたかはわからんけど。たくさんの偉い人がいろんな持論を本の中で展開しているけど、そこは自分のことは棚にあげて書いてるんじゃないか？　という思いがあった。私生活での家族との関係性とか近しい人から本当はどう思われてる人なのかとか、無意識に置いて書いてしまってるんじゃないかと。そこの部分に想像力を働かせながら、反省しながら書いていこうと最初に決めた。

松本　文体を常体じゃなく、ですますの敬体にしたのもそうやね。反省文を書くような気持ちで取り組もうと。ネタとしての自虐ではなく、ほんまにこんなんでええんやろか？　という思いは、実際のところずっとあるし。

山下　「棚にあげて言い切る」ということがないと、その人のキャラクターが商品上、成立しないのかもしれないところもあると思うけどね。

松本　体温が伝わらない距離からの発言は、簡単に自己演出できるさかいな。著作を読んで、すごくいい人やと思っていたけど、実際に会ってみたら、ものすごく嫌な感じやったり。その逆もあるけど。

山下　同じ考えを発表するにしても、本がブログやSNSと大きく違うのは、その場で反論されないということ。ということは、ひとまずの言いっぱなしが成立するということ。それは、功罪両方あると思う。一方的な勢いが止まらずに進むというのは、物事が動くときには重要な要素やけど、一方で危険もはらんでる。もちろん、全国流通の本は発売されるまでに編集者と校正者の精査を通るから、そこで一度、突っ込まれ済みなんやけど、編集者は著者と足並み揃えながら進むわけで、校正者は文章直すのみで主張は直さないわけで。

松本　そのことは、本当に頭が良くて文章がうまい人なら、メディアの特性を利用した表現ができる。ってことでもあるんちゃうかな？　いずれにせよ、自分を表現したくて文章を書くことは、全然悪いことではないとは思うんで、とりあえず「書いてみる」ことは大切やと思っとる。

山下　「自分を表現」。松本さんからその言葉が肯定的に出てくるとは思わんかったなぁ。自分語りはある意味、人間語りやと思う。それが共感を呼ぶかどうかは題材や構成力が一番問われるところなのかもね。内容が予測できる自分語りほど苦痛なもんないからなぁ。

松本　そう。進学や就職とか、人生において自己プロデュース能力が必要な場合って、いっぱいあると思うねん。お店を経営するのも同じやね。文章にして客観視することで、ずいぶんわかることがある。そやから、文章力って、それを生業《なりわい》にする人以外でも、めちゃめちゃ役に立つ技術やと思うねんけどな。

山下　書くことで考えがまとまる。そして、筆がすべることで新しい考え方が生まれることもある。

松本　頭の中のことを文章化するのは、簡単なことではないけれど、文章も音楽や他の芸術と同じで、他者から影響を受けながら引き継がれるものやから、自分にしっくりくる好きな文体とか、言い回しを見つけたらええと思うな。

山下　ちなみに好きな文体って、どんな？　あと、読む気が失せる嫌いな文体ってどんな？

松本　好きなんは、佐藤泰志《やすし》。嫌いなんは、ピンポイントすぎるけど、いい大人が「僕」を「ボク」とか「ぼく」とか書くのは、どうも好きになれん。

山下　佐藤泰志は俺もフェイバリット。そういえば、八〇年代に流行った「ビョーキ」とか「ビミョー」とか母音を伸ばして表記するのって、今ビミョーやね（笑）。でも、もう少しでリバイバルしそうな気配。ダサさが可愛さに変化する周期。

松本　本来のカタカナ言葉、例えば「コンセプト」とかも、あんまり使いたくないけど、「概念」て書くと重すぎるし、雰囲気カタカナ言葉の使用は、使い方にかなり気を遣う場合が多い。

山下　プライオリティーとか最近ようやく意味知ったわ。そういう新しい言葉って、最初に「あえて使いたがる業界風の人」が言いだして、それに便乗する「イケてる人に憧れてる人」がマネして、その「憧れてる人を面白がってる人」が半分ネタで使い始めた頃ぐらいにようやく耳にするわ。新しい言葉はいつの時代も、言った人じゃなく言われた人が広めてると思う。その場ではわかってるふりして、あとで調べて、次に早速使う（笑）、という見栄《みえ》の循環。

松本　何でも「流行ってる」段階では、かなり鈍化したものになっとるからな。本当の意味として使っているかどうかも相当危うい。会話の中で堂々と使うのは恥ずかしいから「コンセプトみたいなもの」とか言ってしまうわ。それじゃ余計に意味が通じにくいという。

山下　といいつつ、このやりとりもなんとなくわかりづらい感じになってきたような気もするね（笑）。正確に伝えようとすればするほど、文章にゆらぎが出てきてしまう。「本当に必要な言葉」と「実は余計な言葉」のジャッジのうまい人が文章のうまい人なんやないかなぁ。でも、ゆらぎって〈想像力の幅〉みたいなもんやから、小説とかエッセイの中では丁寧に扱えばすごく有効やと思う。

松本　文章って、結局は想像力を導き出すためのものやからな。書き手にとっても、読み手にとっても。

山下　想像を文字起こしする作業ってことか。

粋

山下　粋って、言い換えると「おしゃれ」とか「センスいい」とかになるのかな？　もちろん人によってそう感じることってそれぞれの生き方のように違うのかもしれないけど、一つ言えるのは、いくらイケてても普遍性のないものは「粋」ではなくて、それはただの「旬」やと思う。

松本　簡単にいうと、自分の中で「変わらないもの」を持ち続けることやろか？　時代に合わせることが、どうしようもなくダサく感じてしまう。

山下　流行りにウトくて、若い頃から七〇年代の映画とかばっかり優先的に観てる俺らは「変わらない」というよりむしろ「変えられない」習慣病的なおっさんやけど（笑）。

松本　「普遍性」じゃなくて「不変性」な。そういうおっさんの馴れ合いは最悪やと思う。しかし、そういうところから「粋」な感性を見出してるのも否定し難い事実。

山下 「粋」への幻想っていうのがあるのだとしたら、それは自分が経験していない時代や実際に会ったことのない人への憧れもだいぶ、加味されてるよね。

松本 「粋」に、正しい答えなんかあらへんからすべからく幻想でしょう。旬のもの、ナウいものに「粋」を見出せないのは、今、まさに目の前で消費されている感じがするから。それに合わせて生きるのは「粋」じゃないと思うだけ。俺らが好きな過去の文化も、その時代の旬ではあったんやけど、それが「遺産」になれば、別の価値が出てくる。そこに「粋」を感じてるだけの話。

山下 つまり生きてるときに私生活でヘタ打っても、亡くなって存在がパッケージングされると、イメージだけが商品として再利用されるということやね。今、「伝説の～」とかの人で本当は、「粋じゃない」死に方した人とか、生きてるときはただの色物扱いだった人とかいるものね。

松本 幻想を身にまとうまでには、長い時間がかかるさかいな。例えば、七〇年代の映画に映る街の風景も、実際そこにいたら今より排気ガスはすごいし、タバコのポイ捨てもし放題、決して快適な環境ではないんやけど、そこに映るすべてが「かっこいいな、粋だな」と思ってしまう。見た目の美しさとか、道徳とは、まったく無関係。わかりにくいやろか？　そういうの、誰でもあると思うんやけどなあ。

山下　やっぱり、粋は人を介する価値基準やから〈評価する側にとって都合がよくなったもの〉が対象になりやすいんと違うかな。やっぱり思想やスタイルがしっかりある人って「粋」に繋がりやすいけど、そういう人こそ、こだわり強いし、偏屈やし、関わったら面倒そうな人多いもんね。そのままの生き様をルポするのとは違って、「粋」とか格好良いラインのみで形にしたがる人は、自分が本人からクレームを受けない状態になってから手をつけることになってるんと違うかな。言い換えれば、〈自分の範疇《はんちゅう》の偏屈〉に置き換えて紹介してしまう。

松本　偏屈、自分に都合よく。っていうのは、そんなもんやと思うけど、俺はもっと「スカした」とか「斜に構える」みたいなニュアンスに「粋」を感じるし、実際、自分もそんなところがある。それが、「自分の範疇の偏屈に置き換える」ってことなんやろか？　「粋」と感じてることを内在化して、少しアレンジするような感じ。この本でも書いてるけど、影響を受けた「そのまんま」が恥ずかしい。

山下　置き換えてる例をあげると、おしゃれ系の雑誌の特集記事でいろんな死んだ人たちがまとめて偶像化されてるけど、本人が生きてたら、この誌面は実現しなかったんじゃないかって思うことがある。粋っていう括《くく》りで紹介してるけど、実はただの駒として扱ってるだけというか。本人生きてたら、断りそうなメンバーに勝手に並ばされてる（笑）とか。

松本　こじゃれた雑誌で、松田優作とかの「ある一面」だけを切り取って、記事になったりするのが腑に落ちん。ってこと？

山下　いや、優作みたいなハード系じゃなくて、個人的には「ぼくのおじさん」的なソフト系が鼻につく（笑）。伊丹十三《いたみじゅうぞう》、植草甚一《じんいち》、田中小実昌《こみまさ》、殿山泰司《とのやまたいじ》みたいな多趣味系おじさんライン、女性では白洲正子《しらすまさこ》、須賀敦子《すがあつこ》、高峰秀子《たかみねひでこ》あたりの私、審美眼持ってますライン。そこに今、タイプも時代も違うけど新たな偶像として樹木希林が加えられようとしている。本人は天国で嫌がってるんじゃないだろうかと勝手にモンモンとしております。もちろん皆さん、ご本人はすごいのだけれども。

松本　その辺は、確かに「粋」を二次創作されやすいタイプやな。本人の美意識にこだわりすぎると、縛りが強すぎて、むしろ「粋」から離れるんちゃうやろか？　それは単なる受け売りやろ？　「粋」って、その場その場で発動する、さらっとした空気感のようなものやと思うけどな。

山下　そういえば「無粋《ぶすい》」って野暮な振る舞いを指すらしいけど、辞書には「人情」っていう記述もあった。これは興味深いなぁ。人情って、人の事情に首を突っ込むからコミュニケーション的には無粋なことやけど、関わり方によっては「無粋」どころか「粋」の最高峰になる可能性あるもんな。

松本　それは面白いと思う。メディア発の都合よくまとめられた「粋」に対する反発としても。カッコつけた態度や、スタイリッシュなものに抵抗がある俺らは、むしろ「無粋」になりたいのかもな。

山下　粋と無粋の分かれ目っていうのは、ほんとにもろいもんやと思うよ。粋も「粋がる」っていう姿勢になってしまったら途端に無粋になるし。オリジナルなやり方で責任を全《まっと》うするような姿勢が究極の粋やないかなぁ。

終章　わたしたちの日々

松本伸哉の生活

一九八五年。京都府北部、舞鶴市で高校三年生を迎えた僕は、文化祭の団長に任命され、祭のフィナーレを飾る、舞台の演出を担当することになりました。

なぜ僕が団長になったのか？　その経緯は、よく覚えていません。ただ、イヤイヤ引き受けたような記憶があるので、貧乏くじに当たったことは確かです。

ノリノリだったのは、実行委員になった女子たちでした。集団化した女子高生というものは、非常に恐ろしいもので、思春期まっただ中なのに、女っ気皆無であった僕には、「馴染めない人たち」である女子軍団に対し、抵抗する術《すべ》はありません。

出し物は、半ば強制的に、ファッションショーに決定します。おしゃれに余念がない女子高生には、うってつけの企画です。今なら、「あとはよろしく」と丸投げするところですが、そういうわけにもいきません。恐怖の女子軍団に糾弾《きゅうだん》されるからです。「やる気あんの？」その一言が出ないよう、恐れおののきながら、僕なりの、何か「とんち」の効いた演出を考えなければいけません。

僕は、その頃、パンク、ニューウェーブと呼ばれる音楽を嗜んでおり、ほとばしる音楽愛を抑えきれず、学生ズボンにチェーンを巻きつけた安全靴を合わせ、学ランの裏に大量の安全ピンをしのばせるという、珍妙な出で立ちで登校したり、犬の散歩をしたりしていました。

その中でも、特に好きだったのがCRASS《クラス》という、パンクバンドです。

このバンドについては、当時、情報も少なく、ファッション化しつつあったパンクの中でも、「無政府」「反体制」を掲げた、かなり政治的なグループ。という程度の、認識しかありませんでしたが、日本盤の帯に躍る「本国でプレスを拒否」だの、「警察に押収」だの、物騒《ぶっそう》なコメントに、とにかくクラクラきていたのです。

サブカルチャーのバリエーションが少ない、地方都市の高校生ゆえ、僕なりの「とんち」を効かせた演出は、このクラスをステージに鳴り響かせること。それ以外に思いつきません。

さて、文化祭当日、開催されたファッションショーは、完全に仮装大会と化していました。テンションの上がった高校生に統制のとれた演出は望めません。悪ノリが暴走し、女装するもの、虚無僧《こむそう》姿でたて笛を吹くもの、全身に空き缶をぶらさげたもの……それらは、爆笑を誘う、楽しいステージではありましたが、シリアスなクラスのサウンドは、笑い声にかき消され、誰の耳にも届きません。

アートパンク、高校生に敗れたり。

恐怖の女子軍団も一緒に盛り上がる中、僕は、自分の思い入れの深さが届かない虚しさと、心のどこかで「オマエらとは違うオレ」を見せつけたかった、自分に対する恥ずかしさで、この場から一刻も早く立ち去りたい。ただそのことだけを思いながら、地獄のような時間を過ごしたのです。

誰も俺のことをわかってくれない。

身勝手すぎる妄想は、最終的に「卒業式に出ない」という、陳腐極まる行動で完結し、僕は、逃げるように故郷を後にしたのです。

青春は、「報われない」ことに価値があるのかもしれません。いつしか、「そんなこともあったよな〜」と、懐かしむときがくるのだろうと、僕も信じておりました。

ところが、現実は、そう甘くはありません。本もレコードもどっさりあって、映画も見放題。都会がもたらす文化的享楽にうかれまくった僕は、働いては、本やレコードを買い、映画を観る。そんな生活をずっと続けてしまい、「あの頃」を懐かしむような、大人の余裕が一向に生まれてきません。

本や音楽、映画など、文化的で、嗜好性の高いものにとらわれてしまった人生には、常に「報われなさ」がつきまといます。基本的には、生産性もなく、他人に喜びを与えることもない、個人的な満足感にひたることが目的になってしまうからでしょう。

何もかも中途半端で、これといった成功体験もない僕は、ある意味、「報われなさ」のプロでもあります。これが、残酷な現実かというと、実は、そうでもありません。「報われる」ためには、目的と手段が必要です。先ほどの文化祭のように、思惑通りにいかない場合は、深刻なダメージを受けてしまいます。しかし、「報われない」ことを前提にすれば、あらゆる表現を純粋に楽しむことができます。

例えば、カップルで映画を観に行くことには、目的と手段があります。当たり前のように思えるこの行動も、重度の映画マニアにとっては、容易なことではありません。マニアとしての余計なプライドが邪魔をし、恋人との関係に亀裂を生む可能性があるからです。

心ゆくまで映画を楽しむためには、すべてが自由であることが必要です。他者から「報われる」ことばかりを考えていると、この自由は手に入りません。

また、目的と手段には、始まりと終わりがあります。「報われる」ために、カップルで映画を観に行けば、お付き合いしたり、いちゃいちゃできたりした時点でミッションは終了し、どんな映画を観たのかは、重要ではなくなります。

しかし、「報われない」マニアの世界に終わりはありません。より面白い映画や本、聴きたい音楽を求め、死ぬまで街をさまよい続けます。

日陰者として自分を卑下《ひげ》し、同時に他人を見下すような、醜《みにく》い特権意識さえ持たなければ、こんな生き方も、結構おすすめです。

少なくとも、僕には、読みたい本、聴きたい音楽、観たい映画がまだまだあり、クラスは、高校生の頃と同じように、僕にとってのヒーローであり続けます。

それだけで、ああ、僕は、人生の勝ち組だなあ。と、しみじみ思うのです。

山下賢二の日々

僕は今年四十七歳になります。いわゆる団塊ジュニア世代で第二次ベビーブームだったため、受験や就職は熾烈《しれつ》な競争を強いられました。結果的に僕は高校を出てすぐ、関東に家出してしまい、コースから外れてしまいました。

思えば、その場しのぎの人生を歩み続けてきました。無計画と臨機応変。毎分毎秒が瞬間芸のようなものです。目が覚めてから眠りにつくまで、私たちはさまざまな場面でその都度、選択をし続けなければなりません。

僕は、首の回らない経営者であり、まやかしのような店主であり、信頼のない夫であり、十九歳と十六歳の父親でありますので、公私ともに選択の連続です。

何をして、何をしないか。

する場合はああするか、こうするか。

そういうことなので、選ばなかったものはどんどん僕の前から通り過ぎていきます。記憶ごと消し去るぐらいの勢いで情報が更新され続けています。

現実が厳しいとき、自分はいったい何をやってるんだろうと我に返ることがあります。それは自分で選択したんだろう？　と誰かに言われたら、そうですと答えるしかありません。日々の選択の果てに辿り着いた結果です。

SNSなどで自分の楽しい時間を他人に公開することが定着しました。それはイメージ操作という意味でもビジネスシーンなどで活用されています。その投稿が本当かどうかは置いておいて、そんな感じで実生活が充実している人のことをリア充（リアル生活充実）というそうです。

そこで僕です。自分の店があって、スタッフがいて、家族があって、仲間がいて、普通に生活していたらできない経験もたまにできたりして。

でも、お金がえぐるようにありません。しかし、これはやっぱりリア充なんでしょうね……。ぶつぶつ言ったところで、リア充なんでしょう。

しかし二〇一八年は、個人的にとてもしんどい一年でした。リア充なはずなのに。楽しい選択よりつらい選択が圧倒的に多い一年でした。

そういうとき、隣の芝生が青く見えます。あの人、毎日楽しそうだなとか、そうはいっても生活そのものに余裕があるんだろうなとか、平穏な休日を過ごせてていいなとか、勝手な羨望を持ってしまいます。

考えてみれば、僕もそう見られているのかもしれません。条件や環境、垣間《かいま》見える活動を見ていると、そんなふうに思われていてもおかしくはありません。

他人のことを舐《な》めるもんじゃないなと最近、特に思います。社会人としてきちんとスーツを着こなした若い女性に話を聞いていたら、ええ！　そんな大変な生い立ちを歩んできたの？　ということがありました。ご挨拶の段階では、真面目なご両親に育てられて、しっかり勉強もして、友達も普通にいて、四年制大学か短大を出て、無事、就職してきた人なんだろうなぁと思っていたのです。しかし、その人があっけらかんとした顔をしていただけでそれまでの彼女の道のりは想定外でした。そんなことが男性の場合でも続いて、大なり小なり、誰も平坦な人生なんて歩んでないのだなという想像が先にくるようになってきました。

夕暮れどき、笑顔で河川敷を歩く親子連れを見て、ああ、幸せそうな家族だなぁと思いながら眺めていても、実際はその家族は悲しい現実を忘れたくて河川敷を歩きに来たのかもしれません。ありふれたシチュエーションの中にそれぞれの事情があるかもしれないのに、他人は勝手にうらやんだり、小バカにしたりして今日も一喜一憂しています。それは自分自身のことに置き換えても、やっぱりそう思います。

情報を頭の中で処理するとき、これまで理解してきたことに紐《ひも》づけて、理解していくのが一番楽です。また、人間はそういう思考経路を辿るようです。

ホホホ座というネーミングや一見、何屋かわからない店構えは「ちょっと変わった店」というラベルを貼られがちです。その店主である僕も変わり者として認識されてしまうのかもしれません。なので、そういうフィルターを外すべく、本当はなるべく普通のルックスにしたいのですが、僕はスケベ心が抜けきらず、髪がやや長めです。すみません。

そういうややこしい奴らが書いた本ということで、この本も説得力を持つことができずに「まぁ……変わった人たちの話だね」の一言で片づけられてしまうことでしょう。

一般的に、地位、名誉、お金を手にした者が社会的に成功した人と認識されています。そういう「目に見える成功」を収めた人たちの言葉が説得力を持っています。主に男性たちに受け入れられています。

しかし、「社会的」というのがくせものです。それは表の顔、つまり仕事を通じた顔ということです。もう一方で、裏の顔、つまり生活の中の顔というのが私たちには不可欠です。

映画や小説で描かれる「地位、名誉、お金」の人々はなぜか生活の中の顔が冴《さ》えません。これはせめてそうであってほしいという願望が加味されているところがあるかと思うのですが、現実世界でもなかなか大変なようです。

人の価値観はそれぞれですが、社会的成功というのは本当の成功ではなく、あくまで目標の一つにすぎないんじゃないかと思います。

「地位、名誉、お金」ではなく「仲間、家族、健康」なのかもしれません。場合によってはこちらのほうが難しいです。

そしてそれを体現しているのは、一生活者として朗々と生活している人たちです。でもたぶん、そういう人は僕みたいに本を出しません。本当のリア充だから、身近な人に認めてもらうだけで充足感を得られているのだと思います。

その人は、あそこでうたた寝しているあの人のことなのかもしれません。

そろそろ僕たちの「出版という形を借りた自己弁護」も終わりにしたいと思います。

僕自身は、山下賢二で生きていきます。

山下賢二（やました・けんじ）
1972年、京都生まれ。2004年に「ガケ書房」を開店。2015年4月1日、「ガケ書房」を移転・改名し「ホホホ座」を開店。著書に『ガケ書房の頃』（夏葉社）、編著として『わたしがカフェをはじめた日。』（小学館）、絵本に『やましたくんはしゃべらない』（中田いくみ・絵、岩崎書店）などがある。

松本伸哉（まつもと・しんや）
1967年、京都生まれ。90年代後半よりレコード屋「MENSOUL RECORDS」を10年間経営。その後、映画のバイヤー、制作などをしつつ2011年、古本、雑貨の店「コトバヨネット」を開店、2015年よりホホホ座。ホホホ座2階、1階奥ギャラリー、浄土寺センターの店主。

ホホホ座の反省文

2019年6月21日　初版第1刷発行

著　者　山下賢二・松本伸哉
発行者　三島邦弘
発行所　(株)ミシマ社
郵便番号　152-0035
東京都目黒区自由が丘2-6-13
電話　03-3724-5616
FAX　03-3724-5618
e-mail hatena@mishimasha.com
URL　http://www.mishimasha.com
振替　00160-1-372976
装　丁　中林信晃・安本須美枝（TONE Inc.／ホホホ座金沢）
印刷・製本　(株)シナノ
組　版　(有)エヴリ・シンク

ISBN 978-4-909394-22-4